LARGE PRINT
ARABIC
WORD SEARCH
BOOK

This Book Belongs To:

everyone ☺

be kind please.

Copyright © 2020 all rights reserved

Published in the United Kingdom by Al-Zaytuna

No part of this book may be produced or transmitted in any form
or by any means except for your own personal use
or for a book review, without the written permission from the author.

Dear Valued Customer,

We are so thrilled you've chosen to purchase this book form us.
How are you liking it so far? We are working hard to build a higher quality product for our customers by listening to buyers' comments and concerns.

We would appreciate you if you could leaving us a review on this book's Amazon product page.
Your feedback is extremely valuable to us and We are forever grateful for your support.

Thank you for your support!

Al-Zaytuna

Adjectives and Adverbs

ر ف ز ظ ء ع ل ئ ن ؤ ا ي ل ي ق
ب ر ط ه س ة م ع م و ء ض ة ص م
م ه ث ط ذ غ ا ص ح ث ا ء أ ز ط
ئ و ت ق ا ع ط ق ز أ ش ء س ح و
ر ر د و س أ ك ش ل ء ه ط ء د ي
ف ص ب ح ت ؤ م ب غ ح ع أ ز ك ك
ر أ ن ك ا ن ر ح ز ل ض ف أ ل ا
ل ك ء خ إ م ش ظ ز ح م ب ل س ح
س ع ن ر ش ؤ ض ي ه إ ض ش ش أ ن
ب خ ش ز د ة ء ت ط ا س ز ه ظ ن
و ص ف ح ء ا ذ إ غ ه أ ذ ط ث ن
ء ج س آ ب ب ق غ م ش ش ن ك ج س
ز ي ؤ ص ط ؤ ظ ق ي ت س م م ج ؤ
ئ ء ف أ ق ص آ ء م ئ ظ ي ص ث ة
ف ر ن ء أ ف ض ل ص ر ل ط ب ظ ض

able	قادر
absolutely	قطعا
acid	حامض
active	نشيط
angry	غاضب
awake	مستيقظ
bad	سيئ
beautiful	جميل
bent	مطوي
best	الأفضل
better	أفضل
bitter	مر
black	أسود

Adjectives and Adverbs

س	ن	ئ	ق	س	د	ر	ا	ب	ء	ف	ل	أ	ء	ص
ل	خ	م	ط	ء	ت	ذ	ا	ه	أ	ن	ة	ي	ي	د
ق	م	ء	ط	ج	ظ	ب	ن	ن	د	ق	غ	خ	آ	ج
غ	ذ	ك	خ	ج	ش	ت	ت	ظ	ح	ل	ر	ن	ج	د
ه	ظ	ث	س	ئ	ص	ا	ف	ي	ي	ف	ء	ط	ؤ	ن
ج	س	ذ	ف	و	آ	ط	ه	ف	ؤ	ذ	أ	ك	ي	س
إ	ب	ن	ي	ظ	ر	ط	د	ق	أ	د	غ	ل	ظ	ء
ح	ء	و	ط	ع	ق	ص	ؤ	ه	ا	س	ك	س	ة	ظ
ج	ه	ت	غ	ج	ظ	ر	آ	م	إ	ث	ن	أ	ن	ل
ض	ز	ك	ه	ع	ؤ	ح	ز	ط	ل	ا	م	ع	ت	ز
ا	ظ	ب	ه	إ	ة	غ	ة	أ	غ	ح	د	ي	أ	م
ا	م	ء	ز	ء	ظ	ك	م	إ	ء	ب	ك	ش	ج	أ
أ	ب	و	ض	و	ح	د	ع	ن	ر	ذ	ت	ط	ظ	ق
ل	ت	ط	آ	آ	خ	ي	آ	آ	ق	ث	ق	ة	ة	خ
د	ه	أ	ر	ط	ن	ط	آ	آ	ة	ء	ئ	س	إ	ذ

blue	أزرق
boiling	يغلي
bright	لامع
broken	مكسور
brown	بني
certain	متأكد
cheap	رخيص
cheerful	مبهج
clean	نظيف
clear	صافي
clearly	بوضوح
clever	ذكي
cold	بارد

Adjectives and Adverbs

ؤ	ر	ة	ع	ق	ب	ا	ك	ر	ك	ت	ك	ض	ح	ء
ض	ظ	ف	ي	ظ	ح	د	ت	ص	ة	ع	خ	ء	ئ	ط
و	ك	م	ب	ب	ل	آ	ع		ه	ف	ئ	ر	ث	خ
ل	ع	ح	ش	ح	ش	ب	ت	ء	ي	ن	ق	ض	ح	ك
س	ت	ر	ك	ث	ه	ث	أ	ع	ء	م	آ	ا	ا	ت
ة	خ	ك	ل	ط	ح	ؤ	إ	ض	ف	ق	ه	م	س	خ
ه	د	ث	ز	ح	ء	ئ	ء	ز	ر	ؤ	ل	ؤ	ب	ي
ت	ت	ج	ص	ي	ج	ء	ء	ؤ	ي	ي	ة	ب	ن	ي
ش	د	ا	ح	م	ص	ش	ض	ذ	ع	د	ي	م	ز	ن
ز	آ	ف	ي	ن	و	د	ق	ع	م	ك	ا	د	س	ئ
ي	ز	م	ح	ل	ر	ص	ت	ك	ه	آ	ء	ع	ز	ج
ض	م	ظ	ل	م	أ	د	ء	د	ة	آ	ة	ث	ض	ذ
ص	ل	ح	إ	ء	ص	ج	إ	آ	و	د	م	ؤ	د	ع
س	إ	ء	ت	ظ	و	س	خ	م	أ	أ	ف	أ	آ	ح
إ	ع	و	س	ن	م	ء	م	خ	ت	ل	ف	غ	ص	س

normal	عادي
complete	كامل
complex	معقد
correctly	بشكل صحيح
cruel	قاسي
dark	مظِلم
dead	ميت
deep	عميق
different	مختلف
difficult	صعب
dirty	وسخ
dry	جاف
early	باكر

Adjectives and Adverbs

ب ب ج م أ ط ب آ ط ث ئ ف آ ا ل
ئ ي ء ئ م ؤ ظ ط ع ش ن ن ق ط ب
ح ئ ف د ن ف ع م ظ ي ز د ي م ع
ؤ ا غ ء ي خ و ش د ل ج ف ء إ ء
ت ب ئ إ ف ب ب ب ن ل ط غ ب و ك
خ ر ل ي ز ع ف غ ل ط ه م ق ص ء
ص ه ت ل د ء ي ء ح ز ر ء ه ح أ
ف ك م ء ه ؤ ب ش ب ي و ؤ خ ن ل
ك ج م ك ر س ي ل ض ن ج ذ ث ص ة
ج ع ا ب ج و ش ظ إ ة ر ى ج ق ب
ة م ل ر س ب ص خ ز ق ث ص ي ش ؤ
ش س ص آ ف ه أ و ل ة أ ف د ح ص
ض ا ء و آ ث و إ خ خ ض ز ذ و ؤ
ذ و خ ز ة خ س ل ث ة د ا ش ؤ خ
ع ا م ف ب ع ل ح ة ط ث ه ش ج أ

easily	بسهولة
easy	سهل
electric	كهربائي
equal	مساو
false	غلط
fat person	بدين
female	أنثى
fertile	خصب
first	أول
friendly	لطيف
full	ممتلئ
general	عام
good	جيد

Adjectives and Adverbs

ظ	ء	ؤ	ؤ	ن	ش	م	ؤ	ط	م	و	ر	ع	أ	ن
آ	ئ	ظ	د	ه	خ	ث	ء	ع	ظ	ي	م	ض	ؤ	ص
ر	إ	ا	م	س	ك	ا	ذ	ث	ع	د	ن	ذ	ء	ج
م	ب	و	ه	ر	ص	ء	ب	ب	أ	ء	ض	ع	ظ	ح
ا	ب	ج	ص	ظ	ي	ض	ن	م	ع	ا	ل	غ	آ	ج
د	د	ر	ض	خ	أ	ض	ة	ص	ن	ض	ء	ز	م	ة
ي	ا	ة	ا	ق	ص	ل	ب	ح	ق	ض	ق	ق	ل	ن
م	ء	و	ح	ب	ا	آ	ء	ي	ن	ئ	ص	ل	ه	ض
ي	ف	م	ل	ه	إ	ج	ر	ج	ئ	م	آ	ط	ع	ة
ظ	ر	ج	م	ر	ي	ف	ز	ذ	ؤ	ص	ي	ي	إ	م
ع	ح	ظ	م	ا	أ	ك	ؤ	ث	ث	ق	ي	ل	إ	ء
ء	ا	ث	ج	ئ	إ	ز	ش	ة	ت	ق	م	ه	م	ع
ج	ن	ع	م	س	ء	ض	ض	ص	ع	ب	خ	ش	ش	ذ
ث	ه	ز	ء	ن	ف	أ	أ	خ	ؤ	خ	ي	ص	ح	ش
و	ر	ء	ء	ئ	ف	غ	ظ	ز	ة	ش	ح	إ	خ	ز

great	عظيم
greater	أعظم
green	أخضر
grey	رمادي
hanging	معلق
happy	فرحان
hard - difficult	صعب
hard - stiff	صلب
healthy	صحي
heavy	ثقيل
High	عال
ill	مريض
important	مهم

Adjectives and Adverbs

ص خ ك ف ه ئ ر ط ئ ص آ ش إ ة م
ش خ ف ب ظ ق ة ئ ح ف س ش ؤ ؤ ث
ق ل ق ز ئ خ خ س ط ص ل ق أ ك ت
ظ أ ط ح ر ث ح ط خ ي ف و أ ت س
ب غ ئ ن ث ش ا ء ز ر ظ ء ا ؤ ا
ن خ ف ي ف م ء و ج ل خ ل ي ل ق
إ ك ط م ن خ ف ض ر ط ي أ ح ء ط
آ ح آ ت ع ا ذ خ د ح ز و ت آ ر
ه ب ح م ؤ ق س ء ل ن آ و ط م و
ؤ ح ي و ا س ع و ط ء ل أ ك ن غ
م ن س ن ص س ب آ ي ق ه خ س ة ف
س ع ا ض خ ف س ر ف س ظ ي ض س إ
س ن ر ش ج د ة ع ص ق أ ر ف ؤ د
ن ف ل ق أ ج أ ء ص ز ئ ذ ك ر ك
ه ئ غ ث ع ج ؤ س م آ إ ر س ز م

kind	لطيف
large	واسع
last	أخير
late	متأخر
least	أقل
left	يسار
less	أقل
light	خفيف
little	قليل
long	طويل
loving	محب
low	منخفض
male	ذكر

Adjectives and Adverbs

ف	ر	ه	س	ئ	ك	ب	ر	ي	ع	ي	ب	ط	ك	م
ش	ف	و	غ	ب	ك	ئ	ء	ب	غ	ج	ء	ئ	ء	إ
ح	س	ا	ء	ر	ئ	ذ	خ	ت	ب	ع	ا	د	ي	د
ق	ه	ا	ك	ء	ت	غ	ر	د	ث	ج	ل	ت	ث	ق
غ	ث	ت	ث	ص	ز	س	ي	ص	م	ح	ذ	ف	ظ	ت
ء	س	ل	ي	ؤ	ج	د	غ	ي	ئ	ن	ء	ط	ط	ي
ق	ي	ك	ر	أ	ج	م	ل	ل	ء	ح	ل	ص	م	ث
ش	ب	ب	ت	ث	ز	ر	ف	ض	ت	ت	د	ذ	ط	ف
و	ط	ح	ء	ج	ث	ن	ن	خ	خ	ب	ذ	ء	م	أ
م	ئ	س	أ	ض	ق	غ	ز	م	ك	ن	ص	ة	ر	ش
ظ	ب	ق	س	ع	ر	ي	م	ي	د	ق	ت	ر	ث	ث
ع	م	ت	ز	و	ج	و	ض	د	د	ض	ض	ز	ك	آ
م	ش	ن	ث	ذ	ح	ق	ر	ر	ب	ب	ز	ض	أ	ض
ة	ا	إ	ن	خ	ه	ء	إ	ي	د	ق	خ	ذ	ح	ن
ق	س	ذ	ن	ح	ج	إ	ع	ف	ئ	ر	ة	ر	ص	ن

married	متزوج
medical	طبي
mixed	مختلط
more	أكثر
most	معظم
much	كثير
narrow	ضيق
natural	طبيعي
necessary	ضروري
new	جديد
nice	جميل
normal	عادي
old	قديم

Adjectives and Adverbs

ق ش س غ د ء خ د خ ش ؤ ض ص ع ض
آ و ذ ع ث س ط ع ت ة آ آ ي ا ح
ء ث ت ة ع ث ؤ ح ع ت ع ر ج إ خ
ه س ن س إ ث ث ف ر ء س ر ء ق ء
م ه ن ؤ ف ب م ي ذ ن ب ص س ح ت
د أ ش د ت ه ق ز ي ك خ ا ت ب ل
ز س ق خ س ف ا ؤ ع م ر خ ر ض و
غ ي م ة س ل إ د ن ق و ع ئ ط خ
ق ز ح ؤ ق ز ق ظ ئ ي ي م ت ء ش
إ أ و ذ ظ ف ي ج ت ئ ؤ ء ع م ا
ح س ت و ت م د ف إ ذ أ ج م ي ل
ش ة ف ب غ ث ك ء ن أ ة ث ش ر ث
ن ه م ء ذ ح ر آ ص ح ظ ر س ؤ ئ
ح ج ك ل ا ه إ م ق م أ د ز ا ز
ش إ و ء و أ م ك ا ر ح ح ئ ر ء

open	مفتوح
polite	مهذب
poor	فقير
possible	ممكن
pretty	جميل
private	خاص
public	عمومي
punctual	دقيق
quick	سريع
quiet	هادئ
rapidly	بسرعة
ready	مستعد
red	أحمر

Adjectives and Adverbs

ر ظ د س ن ل ذ ت ح ج آ ن ك ن ي

ة ز ص ب س ء ن ء ث ع ض س ي ر ن

خ و د و و ا ب ع ض ش س ا ب م غ

ة ت ث ظ ذ ع س ئ ذ ج ر غ ذ ز ي

ص ش ح ز ي ن ا ح ف ج ي ي و أ ئ

غ ي ك ض غ ج ض ص ط د د ر د س ظ

ه ح ق ك ض خ ي ء ظ ي ت س ح م ط

ئ ا ز غ ص د إ غ خ إ س ؤ ظ ج ق

آ د ت ئ ا م م ث ض ئ م ف غ ب ز

خ ك ص ع م ط ص ب ع ت ئ ن ض ز ز

ف ف ئ ا ل ت ي ف ه ث ذ خ ش ظ ش

ن ج ث ع ش ا ي ص ل آ م ن ع د ء

آ ل و ن ق ي ق ج د ذ و ر ج م ص

ض ح ا ض أ ء ض إ ئ ق ا إ ت ن ي

م ن ف ص ل م خ ش ن ت ل ث ك ر م

regular	عادي
rich	غني
right	يمين
rough	خشن
round	مستدير
sad	حزين
safe	آمن
same	مماثل
secret	سري
sensitive	حساس
separate	منفصل
serious	جدي
sharp	حاد

Adjectives and Adverbs

ء ئ ش ن أ ا س ر س ع ذ أ و غ ب
ز ط ب ء ب س ي ش ذ ز ق آ ؤ خ ء
غ خ ت ق ح غ ة غ ت س ط ظ ا ب ف
ذ ة خ و ص ص ط ح ئ ظ ض ي س ي ك
ي ض أ ه ن ز ج ف ح ر ط ي و ل س
د ف إ ث و ؤ ب و ض ل ط ر س ق خ
س ي ت و ل ل ك ث و ة و ئ أ ص ح
ح ر ء و ص ش ؤ ر ي ص ق ؤ ش ي ف
ض غ ج أ غ ن ذ ق ز ر ا ز أ ع ص
م خ و ق ظ ا م ء و م ع ك ء خ ئ
ا ق ن م ؤ ع ق ط ض ئ ء ة ح د ص
ح ن ظ ئ ض م ش و غ ف ج غ ت ث ر
ص ظ و ط ل ق آ ي و آ م ا خ ش ع
ر ا ي ب أ ث ذ ل ق ظ ه ا ف ب ء
س د خ غ خ غ ظ ض ع ؤ ز ز أ م ف

short	قصير
shy	خجول
simple	بسيط
slow	بطئ
small	صغير
soft	ناعم
sour	حامض
special	خاص
strange	غريف
strong	قوي
sudden	مفاجئ
sweet	حلو
tall	طويل

Adjectives and Adverbs

إ ظ ح ئ إ آ ا ء ع ر ف إ ن ة ؤ
ك ر ث أ ر ء ا ل ض د م ز أ د ك
ش ل م د ل ن ب ن أ خ ا أ ث ع ف
ب ز ؤ ق ض ط ح ل ل ع خ ف ج ه ؤ
ء آ أ ج ه ل ت ذ ا ؤ ظ أ ئ ح ت
ل ل ق ء ع ب ك ب ل ئ و م ج م و
ا ز ب ء م ه ب ق أ ه ء ط ض ء ل
ت أ ي ع ح ب ل ض ف ع ر ؤ ش غ ب
ب ر ح ن ا ب ع ت ض ف ظ ق ت ء ء
م ا ف ث ع ض ظ ل ل ة ض ض ي ح ث
آ ة ك ي م س ش ز ذ ف ض ظ ت ق ؤ
ي د ي ض ن ج ي د ف ء ش إ آ ح ب
و ن س ه ن ع ض أ و س أ ل ا غ آ
ة ر و ف ك ح ه ش ك ن ث ء خ ح ي
ي ئ ء س ف ي ع ض ك و ب ي ئ آ ص

the best	الأفضل
the greatest	الأعظم
the least	الأقل
the worst	الأسوأ
thick	سميك
thin	رقيق
tired	تعبان
ugly	قبيح
violent	عنيف
warm	دافئ
weak	ضعيف
well	جيد
wet	مبتل

Animals

ح	ض	ث	ظ	ر	ث	ق	ئ	ع	ط	ج	ئ	ض	ن	خ
ي	ظ	ص	إ	ظ	غ	ء	ء	ق	ظ	ل	ق	ش	ش	ع
ك	ق	د	أ	ف	غ	ت	ئ	ع	ن	ز	ظ	ب	ت	ص
ر	ظ	ب	ق	س	ت	ن	آ	ث	ض	ط	ض	ح	ؤ	ا
ي	إ	خ	ص	ر	س	م	ر	ت	م	ئ	ح	ي	ر	ث
م	ئ	ن	ء	ر	ن	ص	ب	ف	م	ر	ئ	ه	خ	ش
أ	ج	ص	ه	و	ا	د	خ	ر	و	س	ل	و	ق	ض
ل	ب	ث	ث	ل	ا	ع	ؤ	ث	ب	ط	ا	ت	ل	ل
ا	ض	ل	ك	إ	ك	د	ض	أ	أ	ي	ن	ح	ص	ء
ظ	ك	ل	ة	د	ب	ش	خ	ف	ل	ر	ر	د	ي	ل
ر	ب	ف	ؤ	ع	ح	ر	د	ه	ط	ي	س	إ	ء	إ
و	غ	غ	ح	ذ	ن	ة	ي	ؤ	ط	ج	ف	خ	إ	ء
ث	ث	خ	ت	ق	ل	إ	س	ل	ا	ز	غ	ه	ي	د
ل	د	ط	ط	د	ج	ء	س	ح	م	ا	ر	ت	إ	ط
ا	ذ	م	ة	ر	ق	ب	و	ل	ض	ا	ذ	ق	غ	إ

alligator	تمساح
antler	قرن
bear	دب
bird	طير
bison	الثور الأميركي
bull	ثور
cat	قط
cow	بقرة
deer	غزال
dog	الكلب
donkey	حمار
eagle	نسر
elephant	فيل

Animals

ف	ء	ا	غ	ب	ب	ر	ئ	س	ز	خ	ر	و	ف	و
د	ة	ش	ئ	ز	ر	ء	ز	ص	ز	ذ	ن	ر	أ	ف
و	إ	م	ء	ع	ت	ق	ت	ح	ل	ض	س	ط	ث	ك
و	ر	أ	ا	خ	و	د	ء	ي	ج	ئ	ء	ه	د	ط
ة	ث	ه	ه	ل	ي	ح	أ	ل	ل	ح	ك	أ	ك	ف
ئ	ط	ء	ر	ج	و	د	ء	ح	ط	م	ر	ف	ب	ض
ف	ذ	ق	ض	ة	م	ح	خ	ت	س	ا	ل	ع	ء	ظ
إ	د	ك	ق	ع	س	ت	ي	ق	ه	ؤ	ذ	ى	ق	ح
ء	ء	ه	ط	ض	ي	ر	ج	د	ر	ي	ز	ن	خ	ؤ
أ	د	ج	ء	ر	ق	و	ض	ا	ذ	ح	ء	ب	ص	ص
ب	س	آ	إ	ب	ء	ر	ل	ص	ر	ا	ه	ض	ء	ء
ئ	ء	د	ء	ن	ر	ن	د	ئ	س	ع	ل	ؤ	ؤ	ك
ب	أ	ص	ا	ر	ئ	م	إ	ا	غ	ع	ط	ق	ق	ه
ض	ر	غ	ة	أ	ح	د	ن	ؤ	ج	و	إ	م	ر	ل
ث	ق	ة	ض	ث	ي	خ	ة	آ	ك	ه	ق	ة	ك	ن

fish	سمك
lion	أسد
llama	لامة
monkey	قرد
deer	أيل
mouse	فأر
parrot	ببغاء
pig	خنزير
rabbit	أرنب
rhinoceros	وحيد القرن
sheep	خروف
snake	أفعى
tiger	نمر

Animals

ج ث ج ء ة ئ ر غ ت م ش آ ا ز ش

د ا م ب ذ ي ع ت و ب ك ن ع ل أ

ك ب ض ظ ئ ق ن ب ب آ ئ ن س ف ص

ل ص ط ه ء ذ و ة ك ء ع ل ا خ ز

ض س ج ي ء د ز ل س ر ح ؤ إ ط ث

ة م ص ح و ت ل م خ ف ه س ش أ ع

م ح ا ح ب ل ح ن ا ي ح ك ل ه ل

ؤ ج ج ع ق د ش ة و غ ط ب ث ش ب

إ أ إ ق ز ا ن ر ؤ ؤ ح ق ل ض م

غ ا ن ؤ ف ح ذ ز غ ا و ط ل ث ز

ب ا ح خ ل ع ع آ ر ع إ ب م ل أ

ء ي و ة ل ز ق ج ا ش ح ص ا ن ة

ط ه ئ د س آ غ ف ب ش أ ث ض خ غ

غ س ف ث ذ ق ع ز ر ا ف ة ئ خ و

س د ؤ آ ؤ ل ظ ظ ئ آ أ ض غ س ح

turtle	سلحفاة
whale	حوت
wolf	ذئب
fox	ثعلب
giraffe	زرافة
goat	ماعز
horse	حصان
crow	غراب
snail	حلزون
bat	خفاش
ant	نملة
bee	نحلة
spider	عنكبوت

Body Parts

ت ط د ه ت إ ش ش ت ذ ك س ت ء ج
ظ ب آ ز أ ص ق م ط ق ذ د ن ط ب
ا م إ خ د و د م ز ن ث و س ح ل
ل ل ع ي ن ذ ؤ ئ م ج إ و ص غ ج
ط ن س ث ب ج ذ غ ض ت خ ز م س ؤ
ر ة إ ه ج و ه ص ح ز د ل ي ء ظ
ب ك ذ ت غ آ ف ش ع ء ط ش ح ظ ه
ر ق ف ر م ي ذ آ ء ا ز ض ء ا ر
م ظ غ ة ع ت ه ن ء ك ح خ ء ل ك
ن ك ء ؤ و ء س م ف ت د ث ص ء ت
ص غ ث ك ص و ا ر ج ب ش د ن ء ر
آ ل ظ ل ة ث ق إ ز م ر خ ر ذ ق
ك ض ب أ ق غ ا ي ة ص ه خ ه آ ش
ث خ ؤ ذ ء خ د ش ش ذ ر ا ع د خ
و س ظ ن د ث د ل ق ا ر ت ل ط ذ

abdomen	بطن
ankle	كاحل
arm	ذراع
back	ظهر
calf	ساق
cheek	خد
cheeks	خدود
chest	صدر
chin	ذقن
ear	أذن
elbow	مرفق
eye	عين
face	وجه

Body Parts

ظ	ض	ب	د	ز	ص	ء	س	ع	ي	د	م	ف	ك	أ
ء	ض	خ	ء	غ	ع	س	ط	ئ	ذ	ي	آ	خ	ة	ء
ش	أ	و	د	ذ	ئ	ا	ؤ	خ	ت	ض	ة	ء	ش	ي
ب	ق	ظ	ف	ء	ظ	ق	ج	ؤ	ذ	ر	ف	ظ	د	د
أ	ا	ك	إ	أ	ا	ر	ل	ا	ر	خ	ت	ن	ئ	ط
س	ث	ل	أ	ت	ف	إ	ف	خ	ل	أ	خ	ا	ء	إ
ح	ء	آ	ت	ل	ب	س	ص	ذ	ع	ن	س	ء	ؤ	و
ك	ق	خ	ق	أ	ط	ذ	ء	ب	ج	ف	ق	و	ل	ج
ض	ظ	ب	ح	ظ	ء	ي	م	ر	ع	ب	ء	د	غ	إ
ش	ي	ذ	ل	و	ر	ئ	ح	ع	ظ	ث	ر	ه	م	ض
ش	أ	ء	ئ	ق	ر	أ	ث	ش	ذ	ه	س	ئ	ص	ف
ف	ص	ص	ر	ز	ا	ك	ا	ئ	ب	ؤ	ت	ح	ئ	غ
ة	ج	ط	ا	ك	ه	و	ب	ح	ء	ل	ص	ؤ	ظ	ه
ء	ص	خ	ا	ب	ب	ي	ح	آ	ء	ظ	ي	م	م	ؤ
غ	ك	ش	آ	ر	ع	ة	خ	ن	ؤ	ء	أ	ح	ض	ق

finger	إصبع
fingers	أصابع
fingernail	ظفر
foot	قدم
hair	شعر
hand	يد
head	رأس
Heart	قلب
hip	ورك
knee	ركبة
leg	ساق
lip	شفة
mouth	فم

Body Parts

ت	ة	ك	غ	ل	ظ	ظ	ذ	ر	ن	ا	ن	س	أ	إ
خ	ء	ء	س	ي	ظ	ء	ث	و	ب	ف	ج	ح	ب	ؤ
ص	ء	أ	ص	م	ئ	ب	ث	ح	ب	ف	ذ	ه	د	ر
إ	ة	ط	و	خ	ز	آ	م	ق	ن	و	ا	ف	ز	ي
أ	غ	م	ك	و	ل	آ	ا	أ	ي	م	غ	ق	ظ	ء
ظ	ب	ش	ل	ه	خ	ع	د	ل	ذ	ك	ن	ف	ه	ح
د	خ	خ	آ	ح	أ	ن	ق	و	ئ	ذ	ئ	ج	غ	و
ن	س	ف	ذ	خ	ف	ق	ل	ق	ي	ق	ح	آ	ل	د
ط	ا	ق	ص	ب	ة	ف	ا	ل	س	ا	ق	ل	أ	ض
ظ	ا	ق	آ	ج	ط	ة	ا	ظ	ن	د	ي	ك	ق	ت
ك	ء	ث	ه	ه	ك	غ	د	ر	ظ	ا	غ	ك	ح	إ
ت	ا	ئ	ت	د	غ	ة	ع	ع	د	س	س	ء	ؤ	ج
ف	ض	ه	آ	ض	ج	ر	ب	م	م	أ	غ	ل	د	ؤ
ذ	ه	إ	و	س	ي	ب	ص	ئ	ل	ق	ل	ف	ج	ء
ح	ي	خ	ء	غ	إ	ؤ	إ	ح	ض	ض	ض	ئ	ذ	إ

neck	عنق
nipple	حلمة
nose	أنف
shin	قصبة الساق
shoulder	كتف
stomach	معدة
thigh	فخذ
throat	حلق
thumb	إبهام
toe	إصبع االقدام
tongue	لسان
tooth	سن
teeth	أسنان

Food and house items

ن	و	ر	ذ	ر	ك	و	غ	و	ض	ن	ف	م	ؤ	ز
ف	آ	ة	ا	ن	غ	ث	ش	غ	ظ	ر	ز	ا	ؤ	ز
و	ؤ	ح	ر	م	ق	ب	ل	ا	ت	ي	ه	م	ز	إ
ت	س	ا	ش	ة	ر	ط	ئ	ح	ن	ز	ز	ح	ن	غ
ر	أ	ف	ط	ء	ت	ش	ظ	ص	د	ن	ط	خ	ذ	س
ء	ل	ت	ء	ط	ه	ي	ك	ف	ض	خ	ث	ص	ي	ن
ل	ف	ط	ف	ر	ء	ؤ	ك	ة	ع	ل	م	ك	د	ء
إ	ر	ل	ط	ء	ق	ئ	م	د	م	ا	و	ء	ر	ة
ح	ة	ق	ض	إ	ه	ا	ض	ز	ة	ش	ظ	ع	خ	ف
ز	غ	ر	ا	س	ي	ع	ج	ش	ب	م	ة	م	ع	ذ
و	ض	ة	ن	و	ح	م	ق	ي	ن	ح	ن	ه	ج	ؤ
م	س	ش	ه	ح	ص	ح	ض	ه	ك	ل	ؤ	ط	ئ	ز
إ	ش	م	ش	م	ض	ر	ت	خ	ط	ؤ	ء	و	ت	ط
ق	ؤ	أ	ف	ذ	أ	ل	ن	ب	ض	غ	ل	ر	ق	ع
ق	ح	ث	ن	و	ي	ل	ه	ج	ح	و	ع	إ	ع	ع

appetizer	مقبلات
apple	تفاحة
apricot	مشمش
armchair	كنبة
artichoke	أرضي شوكي
asparagus	هليون
aunt	عمة
baby	طفل
(baby (female	طفلة
bacon	لحم الخنزير
banana	موز
bathing suit	مايوه
bathroom	حمام

Food and house items

خ	ث	س	ج	ف	ه	و	م	ش	ل	ح	ش	ر	ء	ف
ر	ؤ	خ	ة	ه	ف	س	ث	ث	ه	ا	ق	ق	ط	س
إ	ط	ه	ش	ه	ز	ع	أ	ؤ	ر	ب	ت	ي	ذ	ي
ل	آ	ف	ص	ح	ث	ا	ء	ف	م	ا	س	ل	س	ت
م	ب	ط	أ	ت	ف	ط	ي	م	أ	ا	ؤ	ع	ب	ص
ق	و	و	ف	خ	ب	ع	ح	ة	ف	خ	ز	س	ب	ذ
ظ	ث	ن	إ	ض	ف	ل	ئ	د	ب	د	ظ	ح	أ	ؤ
ؤ	ص	و	ل	خ	آ	ج	س	ل	ذ	ت	ق	ئ	غ	ه
آ	ؤ	ض	ع	ا	خ	ض	ح	ة	ا	ف	ك	ب	ز	ي
إ	ة	ح	ي	ب	ف	غ	أ	ف	غ	ب	ظ	م	ا	ر
ؤ	ق	ر	ز	ع	ق	ة	إ	ق	ل	ا	ة	ؤ	ه	ي
ذ	ق	ط	د	ل	أ	ا	ف	و	ع	ن	ي	ب	ث	ب
ذ	ر	ط	ه	ن	و	ب	ز	ر	ء	ي	ع	ع	م	ز
ع	ت	د	ذ	ة	م	ة	ح	ث	غ	و	ذ	و	غ	ء
ب	آ	ذ	غ	س	ن	ش	ز	ل	ر	ط	ز	ج	ت	ث

bathtub	بانيو
bed	فراش
bedroom	غرفة النوم
beef	لحم بقر
beet	شمندر
belt	حزام
beret	بيريه
blackberry	عليق
blouse	بلوزة
bookcase	مكتبة
bread	خبز
breakfast	أفطر
brother	أخ

Food and house items

ة ء ة ظ ظ ن ش ز ب د ة ي ق آ ب
غ ن ث ر ي ي خ ب ك ر س ي ب ب أ
ة ص آ ع ج ة ذ ئ ة إ ا ز ظ ع ت
غ ر م ء ر ز ج ك ز ع ي ت م س د
ط ك ؤ ة و ب ء ر غ ة ن ء ظ ر ء
م ذ إ ث ح خ ق ح ع ر ف ا ئ ب ش
خ ك ص ة ء ن ه ب ؤ و ة ت أ ء ظ
ب ب ض و ص ل ق خ ف م إ ح ب ع ك
س ي خ ق ل ى غ ل ه س ح س ض ج ؤ
ج م ض م و ض م ذ و ف ز س آ ظ آ
ا ت ة ل ف ذ ظ ء د ر ف ي ق ك غ
د ج ح ء ر ص د ز ه ك و خ أ ف ء
ة ه ؤ ظ ش و ص ق ر ن ب ي ط ك آ
ر ء خ خ ا ذ ف ي ب خ ل ث ر د ا
س ئ ق ء ة أ ك ج ح ي ع ز إ ذ ح

brush	فرشاة
butter	زبدة
cabbage	ملفوف
candy	حلوى
cap	قبعة
carpet	سجادة
carrot	جزر
cauliflower	قرنبيط
ceiling	سقف
celery	كرفس
chair	كرسي
cheese	جبن
cherry	كرز

Food and house items

ك	ؤ	ن	م	ر	س	ؤ	ب	و	ص	ن	ن	ك	م	ي
ل	ي	ي	ع	د	و	ت	ص	ف	ز	ر	ئ	ء	إ	ز
ئ	م	ب	ل	و	ك	ؤ	ظ	ر	ص	ء	إ	و	ك	ج
ه	ة	ج	ا	ج	د	ض	ن	و	ف	س	ئ	ع	ز	م
ج	خ	ك	ء	ي	آ	ء	م	أ	و	ء	ل	ا	آ	إ
ا	د	ن	ت	ح	ز	ظ	ض	ة	ر	أ	ت	ء	ص	ج
ل	ذ	ؤ	ن	ذ	ؤ	ا	ب	ن	ا	ا	ل	ع	م	ف
م	ل	ا	ب	س	ز	ح	ل	ا	ت	ج	ح	ق	ء	ش
ء	أ	ط	ط	أ	ت	ش	ا	ز	س	ة	ب	ه	خ	ظ
ط	س	ط	ش	م	ج	ا	ج	خ	ع	ة	ع	و	ع	ن
س	ب	ا	ل	م	ج	ف	و	ث	ق	آ	ب	ة	و	ؤ
ض	ذ	ك	ث	ر	م	ة	ص	ا	ك	ق	و	ط	ك	آ
ظ	ر	ث	ز	ح	ر	ع	ي	و	ط	ر	آ	أ	و	ت
ح	ن	ا	ج	ن	ف	ث	ط	ح	و	غ	ل	و	م	ض
إ	ئ	ل	ل	خ	ي	ا	ر	ف	آ	ح	ب	ء	ء	خ

chicken	دجاجة
closet	خزانة
clothes	ملابس
clothing	ملابس
coat	معطف
coffeepot	وعاء قهوة
collar	ياقة
comb	مشط
cousin	ابن العم
cousin	بنت العم
cucumber	خيار
cup	فنجان
curtain	ستار

Food and house items

ع	د	ت	ؤ	ئ	ع	ر	ن	خ	ق	م	ب	ء	آ	م
ع	ن	خ	س	ء	ح	إ	ط	ت	ة	ث	ع	ؤ	ث	ه
ل	ر	د	ز	و	ن	ي	ظ	ن	أ	ج	م	ز	ؤ	ر
ي	ك	ا	م	ا	آ	ئ	ب	ك	ث	ب	ي	ه	ز	أ
د	ع	م	ظ	ا	ن	ا	س	ؤ	ب	ا	ي	ك	ب	ه
ز	ق	ض	س	ع	ع	ة	ظ	ر	ر	ت	ح	غ	ء	ح
ح	أ	و	ت	ي	م	ط	ف	ؤ	ي	ص	ك	م	ط	ل
خ	ث	ء	م	و	ط	أ	ل	ا	إ	ه	ؤ	م	ؤ	آ
ظ	ه	ء	ذ	ي	م	خ	ء	ا	ل	ء	ا	ع	آ	ء
غ	ص	ي	ئ	ف	ع	ع	ش	ظ	و	أ	ك	ئ	ي	ؤ
ؤ	ا	ل	ب	ا	س	ش	ق	ت	خ	ة	ط	ت	ي	ن
آ	ل	ط	ث	ب	ك	ك	ا	ب	ض	د	ف	ب	ش	ز
ر	ت	ذ	م	غ	ن	ش	ك	ء	ا	ط	د	ر	ا	ع
ع	ط	و	إ	ك	ك	ط	ة	ظ	ع	ت	ذ	ء	غ	ق
ء	ب	ط	ب	ا	ذ	ن	ج	ا	ن	أ	ش	أ	ن	ض

daughter	ابنة
desk	مكتب
dessert	معقبات
dining room	غرفة الطعام
dinner	عشاء
dress	لباس
dresser	خزانة الأطباق
duck	بط
eggplant	باذنجان
father	أب
fig	تين
fireplace	موقد
fish	سمك

Food and house items

ل ة ة ا ص ث ا ث أ ر ش ب ا ف ج
ط ز ج ا ج ا د ص ه ت ئ غ م ك د
ء ج ء س ؤ ب س ض ث إ ر ز س ت أ
ي خ ة ك و ش ه ل ق ف ج د ة ف خ
أ ز ئ ع ش أ د ث ع إ و ل م ج آ
ة د ي ف ح ش ة ء ط س ء ص ت غ غ
و س ح ث ظ ء س ي أ ق ع ل ء خ ئ
ا ف ب ص ط ص ج ف ل ف ب ث ف ع ع
ذ ه ف د ظ ئ ف و ي ن ئ ف ظ ا ة
س آ ك د أ ر م ا م أ ع ف و ة ت
ز ع ي ت م ل م ك آ ق ر ز ه ا ل
د ف ل ا و و ر ه ج ة ة ض ز ر ء
ح ذ ع س ث ا ت ج ت ح آ ا ي ر غ
ث ط ئ ي ح ر أ ح آ ل ف س ئ ض ذ
إ ي ي ف س ص ط خ ش ق ي ث ن م ئ

floor	أرض
food	طعام
fork	شوكة
fruit	فواكه
furniture	أثاث
garlic	ثوم
glass	زجاج
gloves	قفازات
goose	اوزة
granddaughter	حفيدة
grandfather	جد
grandmother	جدة
grandson	حفيد

Food and house items

ص ن ث ش ء إ د ب و ظ ة ع ا د س
آ آ ع ط ث ص ق ؤ ض ل ض ف إ ة ف
ة ك ء ذ ك ة ع ب ق ق ف ب إ آ ي
ء ء ف ض ج ر إ ق أ ء ب ض ب ث ل
ت و م ز آ ي ي ن و ي ظ ة ق ؤ ص
م ز ح م ا ة ك ب ت ن ت ظ ع خ د
خ ه ت خ ه ع ر ء خ ف ء ت ت ة أ
ذ ي ي خ ث ؤ ن خ ك ف ض ت ر خ ظ
ي و أ د ب خ ء ب آ أ ر ت و ز س
ش ؤ آ أ خ ط إ ب ط ج س و خ د ع
ئ د ش ز ر ف م خ ة و د ر ت ن ر
ي ف ض ح و ئ ؤ ت أ ز س ة ب م ش
ض ث ل ف ف و ئ ظ إ ب ة ؤ ع ء ح
ء ؤ ز ة ط ن ش خ إ ز ء ض ح ا ذ
ن ي ك س إ ح ء ض ه ا ج م ي ش ق

grapefruit	كريب فروت
grapes	عنب
ground beef	كفتة
hall	قاعة
handbag	شنطة
hat	قبعة
house	بيت
husband	زوج
ice cream	بوظة
jacket	سترة
kitchen	مطبخ
knife	سكين
sheep	خروف

Food and house items

م	ا	م	ش	ة	خ	م	م	ش	ؤ	ة	غ	ر	د	ط
ي	ك	ن	و	م	ي	ل	ث	ه	ص	د	ل	ح	م	و
ظ	ر	أ	ء	ة	م	ء	ئ	ف	ء	ه	ز	أ	م	ف
ك	س	ض	ء	ا	ر	م	ط	ة	ق	ا	ز	خ	ك	ا
ق	ت	ك	ء	ش	ل	ض	ص	ن	أ	غ	إ	س	ي	ب
ئ	ئ	ظ	ل	ي	ئ	ذ	غ	س	و	ل	ج	خ	ا	ن
ه	ه	ع	د	س	ع	ز	ج	ن	ذ	ء	د	ظ	ج	ئ
ص	م	ن	إ	ن	ر	س	ح	ك	ب	ل	ق	ط	ي	ا
ف	م	غ	خ	ر	ك	د	و	خ	ئ	ر	ص	ب	ه	ل
ي	د	ق	ت	ؤ	س	ر	ذ	ج	ب	ظ	ر	ز	ت	أ
ء	ا	د	غ	أ	ع	آ	ك	م	ب	ظ	ح	خ	ل	خ
ج	د	ك	ل	غ	ك	أ	ل	ص	إ	ة	س	ن	ض	ط
ش	د	ي	خ	ص	ط	ع	ة	ب	ح	ن	آ	و	ق	ت
ع	ح	إ	أ	ة	ا	ث	ذ	ا	ذ	و	خ	س	د	ظ
ش	ح	م	ر	ش	ء	ز	م	ح	ؤ	د	ش	آ	ك	س

lamp	مصباح
lemon	ليمون
lettuce	خس
lobster	كركند
lotion	غسول
lunch	غداء
makeup	مكياج
meal	وجبة
meat	لحم
melon	شمام
mother	أم
napkin	منديل
nephew	ابن الأخ

Food and house items

ح	ط	ن	ف	ة	ج	ط	أ	ف	ك	ز	م	ل	ي	د
ب	ه	خ	ط	ة	ن	خ	ا	ت	ص	ه	ء	ق	ت	ص
ك	ت	ب	ع	ب	و	آ	ج	آ	س	ة	ذ	و	ي	س
ه	ا	ر	م	ت	ل	ر	ط	آ	ل	ض	ص	ج	ئ	أ
ذ	ض	ت	ت	ؤ	ط	ة	ة	س	ع	ع	و	خ	ي	ح
ي	ق	ق	ئ	م	ن	آ	ض	ل	ا	خ	ر	خ	ك	غ
ع	ل	ا	ئ	ن	ب	ب	ف	ؤ	س	أ	ة	ا	ي	ل
و	ء	ل	ض	ة	ق	ل	ص	ر	ا	ل	ف	ز	ظ	ء
أ	ز	ب	ط	د	ف	ه	س	ة	ن	ا	خ	م	ع	م
ه	ث	ط	و	ذ	غ	ب	ا	ص	ا	ح	ث	و	ا	ء
ئ	و	ن	ت	ق	ي	ز	أ	ش	ن	ت	ء	س	خ	ح
ل	س	ك	ش	ج	ل	ص	ء	ه	أ	ن	ط	ء	د	ق
ص	ب	غ	ا	ح	ع	ا	أ	ز	ك	ب	ك	ر	ب	ر
ب	ن	م	ك	ر	ح	ج	ز	ف	ص	ب	ت	ط	ؤ	م
ك	ة	ء	خ	إ	ظ	إ	ز	ح	م	ل	س	ح	ر	أ

niece	بنت الأخ
onion	بصل
orange	برتقال
overcoat	معطف
pajamas	بيجامة
pants	بنطلون
parsley	بقدونس
peach	خوخ
pear	إجاص
pepper	فلفل
picture	صورة
pineapple	أناناس
plate, dish	طبق

Food and house items

ح إ ج ا ع ذ ع آ س ب ج ء ظ ث ط
ص ه إ إ س ر ظ ه ح غ ة ي ظ ء ل
ل ر آ ق ض ش ه ط ش ت ث ع س ؤ ت
د و ص د ن إ ض ي ن ة ئ و ض ذ ج
أ ط ع ص ش س ث ذ ا ن ط ظ ؤ ص ث
ض م ع ط ف ل ا ل م ط ر ي ذ ض ع
ه ح ء ت ا أ ت ه إ ر ظ د ض و ف
ط ص غ ج ب ة س س أ آ م ش و ي إ
س ع ة ب ي ذ ش ة ظ ب س ذ ف ذ د
ق و ف ح ت ؤ ف ة ض س ئ ل ظ د ت
و ع غ ف ق ر ب ئ ظ ق ء ا ش و ل
ق ن آ ش غ ط ء ء ا ف ئ ق ت ق ظ
ر ف أ ز ا م ل ج ف آ ح ل ف ب ل
ب ز ش ط ص ظ ا ه إ إ ء م ث ذ ء
أ ز س أ س ع ف ق س م ط ع م و ك

plum	برقوق
potato	بطاطس
purse	محفظة
radish	فجل
coat	معطف
rain	المطر
raspberry	توت
refrigerator	ثلاجة
restaurant	مطعم
roasted	مشوي
roll -n	لفيف
roof	سقف
room	غرفة

Food and house items

ب إ ل ه ف ر ث ث ة ل س ئ ص ب ق

ض أ ل ء ش م ق ئ غ س ج ش ت م ه

ا آ خ ط ا ر ت ة ل ئ ا غ ي إ ة

ح أ ي إ ء ذ خ ح ز ة د ص إ ف ح

و ر غ ش ش ع ح د ط ذ ة ء ي خ ل

ة ب ة ر و ن ت ل ء ث ا ف ف ي م

ق ك م ش ء ر س ه ض ط خ ة ك ع ح

ج ت ز ا ب ظ ف ء د ق ع أ ك م ئ

ص س ء ج ش س ه م ة و ض ح ظ ف ؤ

أ خ ئ ش ا ت م ب ل إ ت ه ب ء ل

ع غ ق ع خ ظ ج ا ع أ د ظ و ن إ

ر ة ص خ ج و ب ة ح ء غ ة ن خ ش

ا ن ق ا ن ق ل ب ش غ ل ز ت ف ق

ح أ ك و ذ ة ء آ ة ؤ س غ ؤ ي ك

م س ج ر ئ ق ك ث ض ي ء ي ل ن أ

rug	سجادة
salad	سلطة
salt	ملح
sandwich	شطيرة
sausage	نقانق
shampoo	شامبو
shellfish	محار
shirt	قميص
shoes	حذاء
sink	بالوعة
skirt	تنورة
slippers	خفين
snack	وجبة خفيفة

Food and house items

إ و س ا ء ح م ج ل ش ش ط ج ث ؤ
ل ي ل ة ا ر أ ج ح د م ة ث ز غ
ك ز ض ك ط آ ز ه و م ر ئ ع س إ
ف ه إ ي ث ظ ر ك س ا ح ج ظ غ ف
ء ئ ش ر ؤ ب ئ ي م ج ر و خ م ئ
ل ت ص أ ب ح ء ا خ ن ا ب س أ ط
ء د خ و ي ش ذ ه ة ل و ا ر ف م
غ ث آ إ خ ذ ص ا ة ة و ب ح ظ ف
ع ح ص ؤ ئ ئ ك ق ء ء ل س ل ي ص
م م ا م آ ئ ظ ق ق ا ا ت ة ؤ ل
ز ل ب ص م ل ع ق ة س ر ط ع ش ئ
ج ز و ك ف ء ص ؤ غ ح ح ي د ا ز
ة و ن ؤ ع ل خ خ ب ن ن ض ا ة ص
د س ر ن ئ ق س ء ف ب ر ل أ ض ء
خ م ط ب ء ت ذ ا ه ا ف أ ن ة ي

sneakers	حذاء رياضي
soap	صابون
sock	جورب
socks	جوارب
sofa	أريكة
son	ابن
soup	حساء
spinach	سبانخ
spoon	ملعقة
stairway	درج
stove	فرن
strawberry	فراولة
sugar	سكر

Food and house items

د	م	أ	م	ء	ع	ق	ن	ع	ح	ة	ط	ب	ر	ف
ن	ل	ض	خ	ذ	ئ	ة	أ	ء	د	ض	آ	ا	ك	ن
ف	ج	ق	ف	ه	ه	ت	غ	ء	آ	ؤ	ح	ن	ل	ح
ء	ق	ش	ر	آ	س	ف	و	ذ	ظ	د	ز	ؤ	خ	ج
ن	م	ء	ش	م	ر	ح	ا	ض	خ	ة	ط	ج	ق	ش
ء	ي	ي	ا	إ	ب	ر	ي	ق	ب	ا	ل	ش	ا	ي
ذ	ص	ط	ة	ش	ن	ن	ا	خ	ك	ئ	ا	ة	ع	ظ
م	ع	ج	و	ن	ع	ا	ل	أ	س	ن	ا	ن	ا	آ
إ	ك	ذ	ا	ز	ق	ن	أ	ه	ة	ب	ء	آ	ظ	أ
ء	ة	إ	ل	ص	ي	ن	ي	ة	آ	ذ	ش	ة	ك	ي
ء	ح	ؤ	أ	ت	ن	ف	ق	ة	م	ل	ذ	ء	ز	ف
ض	ك	ه	س	ئ	م	ح	ف	و	ط	ة	ث	ا	ئ	ش
ر	ف	ط	ن	ض	ي	د	س	ط	ة	ط	ا	و	ل	ة
ح	ز	ر	ا	ء	ز	ك	ع	ف	ع	ج	ء	ح	آ	غ
ا	ت	ع	ن	ض	د	ي	ك	ل	ر	و	م	ي	ء	أ

suit	بذلة
supper	عشاء
sweater	كنزة
table	طاولة
teapot	إبريق الشاي
tie	ربطة عنق
toilet	مرحاض
toothbrush	فرشاة الأسنان
toothpaste	معجون الأسنان
towel	فوطة
tray	صينية
t-shirt	قميص
turkey	ديك رومي

Food and house items

ذ	ش	ب	ك	خ	ض	ر	ا	و	ا	ت	ت	ت	ض	ت
ث	ظ	ه	س	ص	غ	ي	ئ	ؤ	ذ	ق	إ	ج	ط	ف
ك	ؤ	ق	ز	ذ	ح	ق	ر	ق	ه	د	غ	ث	غ	ل
ف	ع	ر	ق	ء	ء	ف	ش	ج	ن	ل	ء	ص	ة	إ
ء	ت	ء	ت	ض	ك	ب	ص	ة	ر	س	م	ه	ذ	ع
ة	ج	و	ز	خ	ي	ط	ب	ؤ	ا	ت	ك	ع	ف	ز
ع	آ	ث	و	ب	ك	د	ا	خ	ل	ي	ر	ي	ا	و
ء	ق	أ	و	ذ	ؤ	ف	إ	ئ	م	إ	ع	ؤ	ن	ح
س	خ	م	ء	ء	ة	م	ل	ل	خ	ء	ع	ذ	ش	د
ك	غ	ت	و	خ	ظ	م	ظ	ؤ	ي	س	ء	ص	ج	ت
ة	ض	ي	ر	ل	ؤ	غ	ش	ؤ	ج	ج	ت	ش	ء	ؤ
ش	ظ	ع	ة	و	ئ	س	ش	ج	ص	د	ب	ئ	ئ	ث
ئ	ث	ف	ة	ن	ا	ز	خ	ص	ح	ب	ا	ج	ع	ت
ل	غ	ه	ح	م	ي	ه	ش	خ	ة	ن	ط	ر	ء	ض
غ	ء	ش	س	م	ع	غ	ث	ا	ك	ش	ع	ء	ذ	آ

turnip	لفت
umbrella	مظلة
uncle	عم
underwear	ثوب داخلي
vegetables	خضراوات
vinegar	خل
wall	جدار
wallet	محفظة
wardrobe	خزانة
watermelon	بطيخ
wife	زوجة
window	نافذة

School and Occupations

ت	ل	ف	ن	ي	س	ح	ب	ط	ح	و	خ	آ	غ	ظ
ا	ت	ن	ص	أ	ح	ط	ظ	ر	آ	د	ت	ا	ء	ي
ي	ن	ا	ن	س	أ	ل	ا	م	ب	ي	ب	ط	ء	ش
ت	ة	ع	ح	ح	أ	ج	ك	م	ئ	ط	ت	ء	أ	ث
ا	ع	ه	خ	ظ	ن	ذ	خ	ه	ء	ب	ت	ة	ؤ	ة
ب	ر	ة	ب	ض	ث	ئ	ا	ن	ه	ض	س	ج	ك	ح
ن	ل	ا	ف	و	ط	ك	ف	د	ع	م	ث	ب	غ	ز
ه	ط	ذ	ن	ب	ر	ي	ح	س	و	ف	ا	ر	آ	أ
ت	ن	ط	ي	ص	ظ	م	ذ	ظ	م	ت	ك	ن	ض	ت
ع	ن	ب	و	س	إ	ي	ط	م	ك	ر	ه	ا	ك	ث
ن	ب	ة	ث	ن	و	ا	ظ	ع	س	ق	ي	ر	ح	آ
ا	ص	ك	ص	ب	غ	ء	ق	م	و	ز	ف	ه	س	ئ
ل	ح	ق	ة	ف	ن	ا	إ	ا	م	ئ	ر	ء	م	م
ه	ق	ط	آ	م	ل	ي	ب	ر	ا	ج	ص	ل	س	ش
ؤ	ث	م	ح	ح	ء	ذ	ج	ي	ق	ف	م	ذ	ص	ئ

algebra	جبر
architect	مهندس معماري
art	فن
banker	مصرفي
barber	حلاق
book	كتاب
botany	نباتيات
carpenter	نجار
chemistry	كيمياء
dentist	طبيب الأسنان
dictionary	قاموس
doctor	طبيب
drawing	رسم

School and Occupations

ك ه ن د س ة ر ي ل ض ن ج ذ ة ف
و ش ظ ي إ ة ر ق ة ط ي ر خ ك ج
خ ز ع ج ف ق ث ص ش ؤ ت ج ع ا ج
ف ة ل غ أ ا ف ح ص ة ا ل ر ب ص
إ خ م ر خ ض ح ز ذ و ر ؤ ش ص آ
ة د ا ا ش ؤ خ ص ض ء ي و آ ث ة
ه ش ا ف ج أ ذ خ ز ة خ خ س ث ل
ك ف ل ي غ ة ئ ف ب ع ل ح ط ث ا
أ ة ل ة ك ه ر ب ا ئ ي إ ا م س
ح آ غ ء ف س ش أ ه د س ش ت ذ ر
و م ة ر ي ن ق ء ئ د ب ء ا ط ي
ء ث و ب ض ئ ي ج ن ش م ؤ غ و م
ط ة غ ح ذ ة س ه أ ن ا ن ل ء ا
ط ف ح ذ ص ق م ت خ و ح ر ج ق ح
س ك ف ض ذ ذ م ن ش م م ح ا ة م

electrician	كهربائي
engineer	مهندس
eraser	ممحاة
geography	جغرافية
geometry	هندسة
history	تاريخ
ink	حبر
journalist	صحافي
languages	لغات
lawyer	محامي
letter	رسالة
linguistics	علم اللغة
map	خريطة

School and Occupations

ز	د	ج	ا	ء	ء	ع	ج	ط	ي	ت	ذ	ز	ه	ط
ا	م	و	س	ي	ق	ا	ر	ص	ح	ي	ف	ة	ء	ت
ط	ذ	ق	ل	م	ؤ	ر	ص	ا	ص	ء	ظ	ف	ا	ذ
ذ	ر	ج	ة	س	د	أ	ف	ح	م	ؤ	ت	ظ	ي	ة
ص	ط	ؤ	خ	ص	ل	و	ح	ة	ء	ل	ح	ك	ق	ض
س	ؤ	ي	ف	ف	ج	ذ	ة	ة	ة	ا	ي	ع	ء	ر
و	ر	ر	ء	ر	م	ي	ة	ج	ل	ن	و	ه	ذ	م
ت	ي	أ	س	د	و	ط	ن	م	ا	ك	ي	ل	د	م
ب	ا	و	ك	ا	ق	ا	ل	ك	و	ر	ذ	ض	ب	ش
ث	ض	ش	د	ح	م	ل	ي	ق	ا	س	ذ	أ	ب	خ
ء	ي	ذ	م	د	ح	م	ؤ	ة	ة	ز	ي	ع	ا	ق
ئ	ا	أ	ج	ر	آ	ة	ب	ق	ز	ء	ؤ	ق	ل	ف
ظ	ت	ي	ت	ظ	ؤ	ؤ	ر	ؤ	ظ	ا	س	م	ى	ء
ب	أ	ف	ع	ك	د	و	د	ا	ث	خ	آ	ش	إ	ع
ا	د	ز	ظ	ن	ل	ع	ا	ت	ك	د	ن	ص	س	ء

math	رياضيات
mechanic	ميكانيكي
music	موسيقى
musician	موسيقار
newspaper	صحيفة
notebook	دفتر للملاحظات
novel	رواية
nurse	ممرضة
painter	رسام
painting	لوحة
paper	ورق
pen	قلم
pencil	قلم رصاص

School and Occupations

ط ظ ؤ و ي أ ط و ف ع ء ن و ظ ع
ة ط ي ض د م ا ء ذ ك ي ب ا ة ط
ر ش م ش ن ا ي ا أ ء غ غ د ت ط
ي م ن ر ج آ ل ي ب ع ح ء ي ا ط
ت ث ط ي ا ر ط ز ز ر خ و ر ع ض
ر ا إ ط ب ب آ ي ا ي خ ر ب س غ
ك ط ق ش آ ة ء ف ي ط ر ش ل ع ء
س ق ق ف ء ز س م ء ء د د ا ل ت
ا ي ا ب ء ن ك ص ق ث ب ه ج م ف
آ ب ف ء ة أ ي ث ر ص ا أ ي ن إ
ا ض ا ذ ر د م ل إ ص س ج ع خ أ
س ح ن ئ ل ط خ ش ة ت ة ع ا ت س
س ع غ ي ع ح ا ر ا ظ ؤ ي س و ة
ة ة ء ح ذ ط ض ذ ش ج ج إ ع ن ح
ع ة ذ ط ذ ل ك و ج أ ح ذ م ص أ

pharmacist	صيدلي
physics	فيزياء
pilot	طيار
policeman	شرطي
postman	ساعي البريد
professor	أستاذ
salesman	بائع
science	علم
scissors	مقص
secretary	سكرتيرة
soldier	جندي
stapler	دباسة
tape	شريط

Countries and Places

ع ة ك ا إ ص ح أ ء د ي ج ش د ق

م غ ر ب ح ذ ط ض ن س ق ع ش ع ب

س د ة ج ء س د ؤ ل ن و ب ي إ ؤ

و ن ه غ س ش ء و خ ش أ و ة ك ض

ؤ ط ي ك ع ج غ ح ح ة ء ل ز ئ ف

ذ ط ئ ت ب خ ي ر م ة س ي ث ز ق

ا غ ض ك ن أ ت ك و ل ل ف ا آ ء

ك ي خ ل ي ج ا م ا ن و ي ب ز ذ

ء إ ل ف ر ل ر ه س ئ ب ا ك ب ر

ب ب ك ا م ئ ة أ ء ب س غ ج ء ئ

ن ه خ ت ر ر ب د ل ش ي ف م و غ

ك ح ز س ك ت ا ء ر ا ب ك ئ ذ ئ

ه ا ء ب ت غ س ر ث ل ت ت ث ق ط

ع ص ا س خ ص ح أ ذ ب ف ظ ت ق ا

ج غ ئ ن ء م ط ي ة غ ث ت ص ز ش

Argentina	الأرجنتين
Australia	أستراليا
bakery	مخبزه
ball	كرة
bank	بنك
baseball	بيسبول
basketball	كرة السلة
bat	عصا
bay	خليج
beach	شاطئ
Bolivia	بوليفيا
bookstore	مكتبة
boxing	ملاكمة

Countries and Places

ئ م ح ل آ ا ل م ل ا ب س ب د ة
ا ي ب م و ل و ك غ ش ص ج ا ع ة
و ل ؤ ح ء ل ئ ؤ د ص خ ه ل ب ق
ز ي غ ف ث ا ء م ن ح ل م ق خ أ
ذ ش ئ ل و د س ق ا د ن ك ط ك ئ
آ ت آ ة ئ ع ة ه ق ض ن ث ا ة ط
ع ك ث ا ص ح م ى ذ إ ق ة ر ذ ط
ص ء ل ي س ي ب و ت أ ل ا ب ح ؤ
ط أ أ ج ع ل ى ق ا ل د ر ا ج ة
ة ر ا ي س ل ا ب ء ق ء ر أ ي س
ة ث ة ج ض ك ا ع ن ب ن ي ص ل ا
ر ج ك ت ة ن ت ظ ح ظ و ل ا ك ف
ا ث ء ص ض م ن د ط د إ د ت ظ ق
ق إ آ خ ك غ د ك ب ن ر ا ز ج ل
خ د خ ش ؤ ض ص ض ه ش ك ب إ خ ر

butcher	جزار
by bicycle	على الدراجة
by bus	بالأتوبيس
by car	بالسيارة
by train	بالقطار
cafe	مقهى
Canada	كندا
Chile	تشيلي
China	الصين
clothing store	محل الملابس
Columbia	كولومبيا
concert	حفلة
continent	قارة

Countries and Places

ص ف ء ط ن ر ش ر غ ر ع ل آ و س
ص س ذ ة ب ع ل ؤ ا خ ا ئ ث ظ ز
ء س ن م ن إ ك و ا د و ر ئ ل ر
س ة إ ص د ة إ ك ج و أ ؤ ش ص إ
أ ي ن إ ض ق ئ ذ ي غ ذ ز م ذ د
ب ل ج ز ج ش ل ه د ئ ء ن ي ن ة
ح د ل ق آ ء ز ا ز آ ه ة ا ب أ
ج ي ت ض ل ط ه ض د ء م ك ا م ز
ت ص ر إ خ ج أ ب ن ة ي غ ث ض ه
ذ ة ا ك و ب ا ء ئ ر ر ئ ز و ا
أ و غ ف ب ت ع ض ا ج ص ك ة ص ر
خ ء ء ر ئ ش ن ت أ ا ح س س ع ذ
ط ب ء ن ب س س ش ذ ز ر ق د آ ؤ
ق ح ة س غ و ت س ط ظ ا ا ف ل ز
ص ط ح ا ك ئ ظ ض ي ك ء غ خ ت ب

Costa Rica	كوستاريكا
country	بلد
Cuba	كوبا
desert	صحراء
drugstore	صيدلية
Ecuador	إكوادور
Egypt	مصر
England	إنجلترا
flowers	أزهار
football	كرة القدم
forest	غابة
France	فرنسا
game	لعبة

Countries and Places

ة	ء	ف	إ	إ	ح	و	ن	ا	ب	ا	ي	ل	ا	ق
ف	ج	ظ	ث	ب	ل	أ	خ	ر	ذ	ق	ز	و	ك	ث
ي	ا	ر	إ	ب	ف	ل	إ	أ	س	ث	ب	ب	إ	ط
ب	ي	م	ز	ب	ي	ز	ئ	ي	غ	ة	ق	ي	د	ح
ح	ن	ة	ج	ج	ي	ؤ	ن	س	ط	أ	ل	ب	ر	ة
ي	ا	إ	ب	ب	ة	ت	ك	ر	إ	ا	ذ	د	م	ش
ر	م	ي	ت	ت	ن	ر	ش	و	آ	ض	ل	ؤ	ب	ل
ة	ل	ل	م	د	ك	ر	ي	م	د	ج	ف	ي	ض	آ
غ	ا	ع	ي	م	ء	م	ت	ز	س	ن	ش	ئ	ا	ع
م	ر	م	ي	م	ث	ث	غ	م	ج	ض	ه	آ	ا	م
ف	ص	ة	ج	ت	ش	ه	ص	ة	ع	ح	ح	ل	ل	إ
ل	ح	ب	م	ت	ئ	ب	ط	ز	ذ	ك	ش	ه	ا	ا
ة	ل	ا	ق	ب	غ	ل	ح	م	ل	ر	ر	ج	ض	ء
د	ذ	غ	خ	ة	ا	ض	ر	ص	ر	ر	ص	ل	ط	ض
ك	ث	ز	أ	ق	ف	ي	آ	ع	و	ع	ظ	ث	ة	ب

garden	حديقة
Germany	المانيا
grocery store	محل بقالة
gulf	خليج
house	بيت
India	الهند
island	جزيرة
Italy	إيطاليا
Japan	اليابان
jungle	غابة
lake	بحيرة
laundromat	مصبغة
library	مكتبة

Countries and Places

ط	ض	د	ث	خ	ف	ء	ة	ش	ع	ظ	ش	ف	ث	ء
ؤ	ل	ة	ض	ن	ع	ؤ	ر	ذ	ل	ت	غ	ي	س	ب
ب	ة	ي	ل	د	ي	ص	ي	ب	ى	أ	ش	ف	ث	و
ء	ع	ع	ط	د	غ	ق	ز	ع	ز	س	ذ	ق	س	ل
ر	ج	ي	ص	خ	ذ	ز	ج	ا	ا	ق	ء	ج	أ	ن
ط	ح	ض	غ	ه	ذ	ب	ز	ل	ل	و	ئ	ش	ن	د
م	ع	ت	خ	ت	ت	ء	ه	أ	أ	ا	ر	ر	ن	ا
ب	أ	ث	خ	ك	و	ز	ب	ض	ق	ل	ز	أ	س	ن
ج	ا	ل	م	غ	ر	ب	ش	ي	د	م	ة	ء	ء	ث
ذ	ث	ك	ح	ذ	غ	ص	ة	ل	ا	ك	غ	ظ	ة	خ
ل	م	ا	م	ن	ي	س	س	ه	م	س	ث	ج	ا	ء
ر	ب	إ	ث	س	ا	ص	آ	ظ	ؤ	ي	ل	ا	ر	خ
ح	ه	ج	ل	س	ف	ظ	ة	ظ	ذ	ك	ش	ك	ا	ل
ي	ذ	ف	ح	آ	ذ	خ	س	ف	ل	ه	ئ	ف	ب	ث
ل	ء	ز	ق	ء	ل	ئ	ح	ر	ض	س	ه	ل	م	ؤ

match	مباراة
Mexico	المكسيك
Morocco	المغرب
mountain	جبل
movies	سينما
ocean	محيط
office	مكتب
on foot	على الأقدام
peninsula	شبه جزيرة
pharmacy	صيدلية
plain	سهل
player	لاعب
Poland	بولندا

Countries and Places

د ك ر ة ء ا ل ق د م ئ ط ي ذ س
ر ؤ ج ا ث ة ي ت ع ه ء ك د ض
ش ك غ ي ء ل ء ف ف إ ء ي و ر ذ
ث د ت ق ك و ر و س ي ا ر ع س ذ
ء ظ ة ي ف ص و ء ة ا و ئ و إ أ
آ ك ن ر ه م ع ط م إ ح ب أ ز ظ
ظ ت ف ف س ذ ظ س ل س ر ك د ت ا
ؤ ع ق إ ن د ب إ ظ أ ة ا و ي ي
س ك غ ث ر ت ح ر م ب ف أ ر س ن
ط ع ص ب ح م ذ ا ت غ ر غ ء ب ا
ل ق م و ب ض ر س م غ ح ض ذ ا ب
ء أ ة ن ئ ك أ ت س ث ا ل م ح س
ف ء ت ج ت ن غ ش ب ء ل ل ع ة ا
ه ع ل ت ب ب ه ج ح خ ث ة ل ء ل
ء م ئ ل و خ ذ ر ل ت ك ك ه ؤ ل

pool	مسبح
Portugal	برتغال
racket	مضرب
restaurant	مطعم
river	نهر
roses	ورود
Russia	روسيا
sea	بحر
soccer	كرة القدم
South Africa	جنوب إفريقيا
Spain	اسبانيا
supermarket	سوبر ماركت
swimming	سباحة

Countries and Places

ك	ج	ج	ب	ئ	خ	ف	ح	أ	ب	ف	خ	ج	ه	ه
ذ	ل	ب	ح	ش	ع	آ	ج	ذ	ظ	ه	د	ة	ق	أ
ث	ش	ة	م	ج	ئ	ب	ف	ئ	ر	س	و	ع	ف	ب
إ	ث	ظ	ر	ر	ك	ؤ	خ	ذ	ح	ا	ز	ر	ر	ئ
ب	ا	م	ه	ئ	ق	ص	أ	ء	د	ض	ز	ا	ي	ض
و	ئ	م	و	ط	ا	ب	غ	ي	ض	ذ	خ	ص	ق	أ
إ	ج	ت	ع	خ	خ	ط	ة	ذ	ذ	ب	ت	م	ك	ئ
ن	ب	ر	ك	ة	ث	ا	ل	س	ب	ا	ح	ة	ي	خ
ط	ه	س	د	ؤ	ؤ	ف	ص	ا	ئ	ظ	ئ	ر	م	م
ش	إ	ص	ل	ء	ح	ظ	ث	ش	ف	ه	آ	ح	ذ	ع
ط	أ	ر	س	ؤ	ظ	آ	ش	ج	ر	ة	د	إ	ق	ح
ة	و	ق	ز	ا	ك	ي	ر	م	أ	ل	ر	ح	ص	ر
ذ	ك	ف	ؤ	ف	ع	خ	م	ء	ض	آ	ء	ك	ء	س
ظ	ظ	م	ء	غ	أ	ر	ظ	ت	ع	ت	ن	س	ل	م
ث	ش	ض	ر	ء	ز	ئ	ه	د	ه	ه	ذ	خ	ب	ا

swimming pool	بركة السباحة
team	فريق
tennis	تنس
theater	مسرح
tree	شجرة
trees	شجر
United States	أمريكا
valley	وادي
volleyball	الكرة الطائرة
wrestling	مصارعة

Time and Weather

ق	د	ه	س	آ	ؤ	ث	ن	س	د	ط	ا	ب	ش	آ
ق	ك	ا	ن	و	ن	ة	ا	ل	أ	و	ل	م	غ	إ
ض	ب	ا	ب	ه	آ	س	ز	ت	ز	ع	ب	إ	ا	ا
ق	ط	ص	ب	ض	ء	ب	د	ة	آ	ط	ا	ض	ئ	ا
ت	ج	ه	ا	ع	م	ن	ر	ب	ض	ق	ب	غ	م	ش
خ	ل	ة	ك	د	د	ن	ا	ج	أ	س	ص	ك	ط	و
ر	ظ	ك	ا	ي	غ	ج	ب	د	ه	ظ	د	ء	ا	غ
ح	ء	ئ	ت	و	م	ط	ء	ف	ش	س	إ	ل	ح	ه
إ	م	ض	ء	م	أ	أ	ح	ز	ء	ي	غ	ق	ز	د
ا	إ	ك	ج	ي	ن	ي	س	ا	ن	ئ	أ	ة	ف	ق
و	ش	ر	خ	ا	أ	د	ي	ج	ظ	ظ	ئ	آ	ض	ة
ز	ط	ب	ص	ظ	و	ز	ؤ	ق	ن	ق	ص	ق	آ	ر
ب	ء	ي	أ	ك	ر	ظ	ش	ح	ح	ء	ف	ا	ص	إ
ظ	ث	ط	ج	ش	ئ	ظ	س	ز	ظ	ض	ب	ا	ب	ي
ئ	ي	ف	ئ	د	ض	ع	ك	ذ	ب	ص	ظ	ء	ئ	أ

after	بعد
always	دائما
April	نيسان
August	آب
bad weather	طقس سيئ
cloudy	غائم
cold	بارد
cool	رطب
December	كانون الأول
everyday	يوميا
February	شباط
Fog	ضباب
foggy	ضبابي

Time and Weather

إ ا ل ج و ء ج م ي ل س ر ت ث ض
ظ ة أ ز ك خ آ ن ش ح و ف ط د ئ
ل ة ر ا ز غ ب ن ر ط م ت آ م د
إ ذ س ع ج ن ز ج ك ل ء د ؤ ه ت
خ ئ ع ي ن ا ث ل ا آ ن و ن ا ك
و ذ ف ف ء ز ص ز ر م ا ر س ع ف
ن ل و أ ل ا ه ن ي ر ش ت ئ ن ر
آ و ظ ئ ن غ ح ن ث غ ث أ ي ا و
ل ئ ع ي آ ة ا غ ا آ ق إ ب ر ء
ا د ا غ د ث ر ط د ك ء ن ي ي ظ
ت ش ر ي ن ف ا ل ث ا ن ي م ز ش
خ ذ ق ي ل أ ل ق ح ر ق ؤ ع ح ظ
ي آ ض ت م و ز آ ز ي ض ق ن أ ا
أ ر ل أ ي ا ر ق ي ض ف ء ف ة ج
ش ؤ ل م د د ع س خ ق د أ ء غ ز

hot	حار
January	كانون الثاني
July	تموز
June	حزيران
March	مارس
May	أيار
nice weather	الجو جميل
November	تشرين الثاني
now	الآن
October	تشرين الأول
over there	هناك
pouring	تمطر بغزارة
raining	تمطر

Time and Weather

ع	ط	ف	ي	ش	آ	ذ	ن	ء	ؤ	ا	غ	أ	إ	ا
ز	ف	ل	ش	ر	إ	خ	ق	ء	ب	ء	ء	و	ن	ه
آ	ن	ق	ذ	ه	ء	ض	ت	ظ	ل	ب	د	ا	ة	ع
ؤ	ج	إ	ت	إ	ء	ص	ع	ذ	ذ	و	ي	ذ	ئ	ه
ض	ظ	ل	ل	خ	ر	ف	ص	ا	ع	ح	ن	ذ	ج	س
ت	أ	ك	ش	ي	إ	إ	ر	ص	أ	آ	آ	ظ	ب	ء
و	ه	ا	آ	ث	ذ	ع	ص	ش	ذ	ج	ز	خ	ع	ة
و	إ	ن	م	آ	ا	م	ا	ن	ع	ط	ذ	ب	ت	ج
آ	ز	ه	ح	ع	ن	ب	ح	د	ل	ه	خ	ة	غ	ل
ن	ص	ج	ع	ت	ء	ع	د	أ	ة	د	ض	م	ي	ؤ
ء	ل	ط	ا	أ	ض	ج	ر	ط	ي	س	ط	ش	ف	أ
ث	ج	ل	ل	ؤ	ج	ئ	ء	ب	س	ل	ك	م	م	غ
ج	ث	ؤ	ط	ك	ل	ض	ؤ	ف	ص	آ	و	س	غ	ث
ن	و	د	ش	ي	ث	خ	أ	ف	ن	س	غ	ل	ل	ر
ف	ء	ص	ش	ظ	ت	م	ث	ء	ص	س	ء	ا	ر	ج

September	أيلول
snow	ثلج
snowing	تثلج
sometimes	أحيانا
sunny	مشمس
there	هناك
usually	عادة
windy	عاصف

Verbs

أ	ض	ظ	ذ	إ	خ	م	خ	م	ر	ن	ظ	آ	ص	ا
ط	ع	ز	ر	ه	ظ	ع	ذ	ا	م	ل	ئ	ع	ي	ج
إ	ب	ا	ج	أ	ج	ر	ب	ب	ن	ع	ة	ه	ح	ن
م	ض	آ	ئ	آ	ه	ف	ا	ك	ا	أ	ظ	ه	ص	ص
ن	إ	ء	ا	أ	ف	د	ء	م	ق	ش	ن	ح	ز	ر
ق	ة	ف	غ	و	ر	ط	أ	ا	ش	ذ	ت	ذ	ن	ج
ح	ق	و	ء	ء	ت	غ	ن	و	ي	ث	ظ	ر	ع	أ
غ	آ	ج	س	ء	ع	ك	ش	و	ي	ص	آ	ز	ت	م
إ	ة	ل	ح	م	أ	ب	ظ	ا	د	ا	أ	غ	ه	ب
ع	ص	ر	ع	ث	ن	ر	ك	ف	غ	ء	أ	ظ	ئ	ة
ت	خ	ر	س	ث	ض	ج	ي	ق	ف	ئ	ض	ق	ئ	ء
ذ	ط	ر	ش	ي	س	ج	ر	ن	ش	ؤ	ا	خ	ء	و
ر	ء	ف	ة	ش	ح	ي	ا	ت	خ	ط	ف	ه	ه	غ
ح	ظ	ط	إ	ج	ث	م	أ	آ	إ	ك	م	ل	ب	ر
ء	ت	ث	ئ	س	خ	ق	س	ن	ق	ب	ل	س	غ	ف

accept	قبل
add	أضاف
admit	أعترف
advise	نصح
agree	وافق
allow	سمح
announce	أعلن
annoy	أزعج
answer	أجاب
apologize	إعتذر
appear	ظهر
argue	ناقش
arrange	رتب

Verbs

و أ ا غ ه ل ح د ء ب ج ق ل ك ش
ث ي ء ض ء م ك ي ئ ض ر ق خ ض ث
ء ر ؤ ت ج ن ب خ ح ش ي ض ث س أ
ص ل ه ت ح ر ب أ ؤ ض ا غ ئ ي أ
ء ت ظ غ ه ز ك ء د ث ل ذ ئ ر ص
أ م خ ك غ س ا خ خ ب آ ق ج ء ب
ا ل أ ذ ط د ن آ أ ف س إ ت ل ح
ث و ن ف ي ط أ م ج ا ه ظ أ ع ح
أ غ ئ ج ب ح ع ة ك ت ء س ب ء ا
ض ت ث ر ا أ ط خ و ا ح ت م ل ف
ب و ك ف ض ح ي س ه ئ ظ ي آ إ ل
ب ص ص أ د ظ ل س ث ي آ ر ق و ا
غ ا ب ل ط ط آ ة ق ج د ث ح ح ت
م ت خ ع ي ش ج د ك س آ ذ ج ش آ
إ ؤ د إ ه ظ ر خ ذ ت ص ج و ض أ

arrest	اعتقل
arrive	وصل
ask	سأل
attach	ربط
attack	هاجم
avoid	تجنب
bake	خبز
be	كان
bear	احتمل
beat	ضرب
become	أصبح
beg	توسل
begin	بدأ

Verbs

ء ة ت ذ ط م ط ص ك س ر ء ب ط ن
ج ا ة ز ب د ف ح ؤ ى إ ذ غ خ ه
خ ث ف ي ق ف ش ب د ن ج ث ز أ ت
ي ط و آ ث ط ة ص ح ح م ن ؤ ر ض
إ أ ض ط ش ف ق ج خ ن ء ى و ؤ ع
آ ب ز ط ر ئ ث ط آ ا ط م س ؤ ط
ن ن ز ص ة ن ص ا ز ك ط ظ ك ل ب
ه ز ت ف ر خ ح س ض ف ق ل ب ض ر
ا ف ي ف ف ث خ ت ظ غ ط ت ل ت ظ
ر ط ث ن ت ذ ب ع ج ص ك ش ق ت ض
ب ت م غ ز ص ا ا ز ض ف ك ص س ح
ؤ ز أ ء خ ذ ؤ ر ض ع ر د خ ى ئ
ح ن ي ظ ش ش خ ي ث ا ه إ ء ل ث
ظ ء ت ت ب ا ه ى ب خ ت ج ش غ ت
ذ آ ن ؤ ن ؤ و ج ض ق س ذ ج ئ ئ

behave	تصرف
bend	ثنى
bet	راهن
bind	ربط
bite	عض
bleed	نزف
bless	بارك
blow	نفخ
boast	تباهى
boil	غلى
borrow	استعار
bow	انحنى
break	كسر

Verbs

ة و ط ح ء غ ط س و ء ل ز ز ء ش
ب ج ث خ ص د ب س ض ل م ح ز ش ج
ة ء م ق ر ح ش ل ي ل أ ه ؤ ظ ت
ل آ ت غ ط ص ب ئ ش و ب ؤ ة ق ع
ة ه ه ب ؤ إ ب ل ج ج ى ؤ أ ة د
خ ى ا ئ س ط ق ص ظ ن ر ع ع ر ق
أ ب ء غ ر ح ج ث ب ه س ر ي ء ع
ح ر ز آ ص ر ر آ س ؤ ض خ ا ء ء
ض غ ه ء ع ل ج ت ك ث و م ء خ ك
ر ء ح ر ق ف ف ر ن ف د ع ض ع ل
ض ت ه د ج آ ن ح ب ف ر ا ش ف خ
ا أ ن د ة خ ا أ ك ج س ذ ظ ص ظ
ل ص ت ا ت ص د ذ ظ ك غ أ ء ز ض
ئ ك ص ك ن آ إ ظ ه ف ج ن د ه ه
ف إ ق ب ا ش ت ر ى ط و ض د إ ه

breathe	تنفس
breed	ربى
bring	أحضر
broadcast	أذاع
build	بنى
burn	حرق
burst	انفجر
buy	اشترى
calculate	حسب
call	اتصل
care	اهتم
carry	حمل
cast	صب

Verbs

ص إ ض ذ خ ئ ء س س ه ذ ت خ ه ق
ح ا ء غ و ئ د ل ي ث ر ء إ ل ف
ى ز ل ر ض ا و ر ي ق ا ض ة ئ ظ
أ ت ب ق ي م ث إ س ذ ت ق ء ؤ ن
ء ه أ ع ء غ إ إ آ م خ ق أ ض ث
خ ق ف ص ض ج د ت س ر ا إ أ ء خ
م أ م س ك ث ا ك آ ن ج د غ ض أ
ة ء ذ ظ و ة ز س ؤ ق ر ض ل غ ء
ل آ ه ث ئ ؤ آ ء م ا ج ر ق إ غ
غ م ء آ ض ؤ ع ش ط س ف ج س ء ة
د ف ع م ج ذ ؤ ط ج ذ ع ع ق ن ه
غ ا ئ ض ئ ز ة ت س ب ب آ ق ص ع
ء ك د ت أ ح ل م ة آ ت ئ ب ؤ د
ء ث ح ض ح ئ غ ش ء إ ج آ ط س ة
ش م ة ز غ ء ح ذ ث ء ر د أ ش و

catch	أمسك
cause	تسبب
change	غير
chase	طارد
cheat	غش
chew	مضغ
choose	اختار
clap	صفق
clean	نظف
cling	تمسك
close	أغلق
collect	جمع
come	أتى

Verbs

ا ع ت ب ر ل غ ح ب ع م ط ؤ ؤ ل
ب ض ك ر أ ء ض ص ء ق ق ي ش ص ج
ة آ ه م ت ف ب ر ء آ ح غ ؤ ئ ق
و ح ب م ر و د م ء غ ئ ن ض غ ن
ص ج ش ت ؤ ي ج ذ ء ف ى ط غ ن خ
ك و ع ظ ق ذ ذ ت إ ض ح ك و ا س
ي ا ت ش س ن إ إ ذ ض ش أ ر ح ن
ت غ و ن ب ة ل ج م د و م ق ف آ
ئ ذ ق إ ا ئ ك ت ف ي ت م ض ن ا
ط ء ك ق ظ ف ل ا ح س ه ء ذ ق م
ء ل ش ا د ز س ي ا ح ذ ؤ ء ب ك
و م ذ ر ح م آ ع ي ص ص خ ى ز ز
ك ك آ ن ئ ح ت ة خ ء ل و ك أ ش
ك أ ا ث ك ب ر أ ء ق ا ر ب ت ز
خ ر غ إ ء ك ء ج و س ن ك د ش ز

compare	قارن
compete	تنافس
complain	تذمر
complete	أكمل
concentrate	ركز
confess	اعترف
confuse	أربك
consider	اعتبر
continue	استمر
copy	نسخ
correct	صحح
cost	ساوى
cover	غطى

Verbs

س ظ د ف ز ث ث غ ع ء ع ب ط ا ي
ل أ ز ث ر ف ط ش م ت ث ح ص ر ل
ج خ ؤ آ ة ه ط ع ط غ أ ت ذ ؤ ة
ك ر ء ق ك ظ م ا ح أ ذ ق ة ع ن
ل ر ح ز ش ت س ز ت ل ق ن غ ب ه
ة ق ن ه ف ت أ ح ز ع ذ ط ج ر ذ
ذ ك ء ث ح ن ئ ف ك ت ر أ ئ ئ ي
ء ظ غ ق إ ء خ ة ض ل و ص ف ل خ
ص و ر ي ع ر ذ ط ر ظ م ذ ظ ؤ آ
ل ه ع ف ي ق ط ر ئ ف ل ئ ظ ف ب
ف م ه و ظ ص ق ذ ن ث ك ى ظ ق ن
ا ت ا ت ذ آ ج ة م د ع م ك ذ ش
ء آ ك ع ز ك ج إ ؤ م ه ص ت ب ع
ذ ذ ر ذ ت ء و ب ص ر ح ء ء ء غ
آ ن ك ط ض و خ ؤ ن ؤ غ ص ب ا أ

crash	تحطم
crawl	زحف
cross	عبر
cry	بكى
cut	جرح
dance	رقص
deal	تعامل
decide	قرر
deliver	نقل
describe	وصف
deserve	استحق
destroy	دمر
detect	كشف

Verbs

ف ك ع و م د ء ذ ئ ض ض ن ص ظ خ
ن ح ت ض ف ض ك ش ب ر ش ا م ث ة
د خ غ إ ض ل ت ة غ ل آ م و ؤ ق
ي ر ذ ح ف ر ء س ب ل ؤ ي غ خ ظ
ش ه ك ر ه و ي س ر ا س ح ء ق ق
ض ل د إ ص ط ص ق ه ج ق و ب س ض
س م ظ ة ص ع ة ص ف ى ذ ز ش س ظ
ج ع ق ل ط ب ب ذ ت ض ف ظ ث ح م
آ ل ب ز ء ع ا ء ش آ ء ت ل آ ة
ب ن ن غ ؤ ج ا غ ز ن ء م خ ك خ
ف ك ل ص ا غ ل ر ء غ ص و ء ا م
ش ؤ غ ف ش د ظ ا ض ض م ذ ا س م
ت و ز ه س ئ آ ق ئ ك ث ة ر ظ غ
ك ء د ق س م ئ ض ق ن م م ض ر ع
ا أ ل ة ظ ئ ظ م ف ق ع ل ش خ غ

dig	حفر
disagree	عارض
disappear	اختفى
discover	اكتشف
dislike	كره
dive	غاص
divide	قسم
do	عمل
doubt	شك
draw	رسم
dream	حلم
dress	لبس
drink	شرب

Verbs

ص	خ	ه	آ	ح	ح	د	ذ	ء	ب	ك	خ	ص	س	ر
ر	ا	ث	ه	د	ر	ر	م	ق	ش	ص	ح	أ	ط	ئ
ت	غ	س	غ	ذ	و	ل	خ	د	ل	ر	ا	ح	ط	ز
خ	ء	ة	ت	ه	ف	ش	س	إ	ش	ل	ذ	ط	د	ك
ن	إ	ئ	غ	م	ق	ض	غ	ب	ز	د	س	غ	ص	ج
ث	ه	ج	ا	و	ت	ا	ث	و	د	أ	ت	أ	أ	ل
غ	ء	ك	ظ	ذ	ن	ع	ب	س	ك	و	ز	ش	ت	غ
د	ا	ق	ئ	ف	ن	ب	ي	ي	ق	ا	د	ه	ى	ء
ا	ح	ض	ج	آ	ك	ل	آ	ع	غ	ة	ء	ه	ئ	ا
ط	ق	ر	ك	ق	آ	س	ن	د	ن	ء	ن	ض	ؤ	ق
ع	ن	ش	ذ	ء	ة	ه	خ	ا	س	أ	ك	ؤ	م	ه
ي	س	ه	ك	ت	م	ئ	ر	د	ح	ء	ن	غ	ه	ب
ز	ن	ي	ح	خ	ل	م	ئ	ب	و	م	ل	ك	أ	ل
ذ	س	د	ا	ء	ع	ذ	ب	ؤ	ب	خ	إ	ب	ي	أ
ق	ز	خ	آ	ط	و	ج	ش	ئ	أ	خ	ف	ق	ن	ة

drive	قاد
earn	كسب
eat	أكل
educate	علم
end	أنهى
enjoy	استمتع
enter	دخل
escape	هرب
expect	توقع
explain	شرح
explode	انفجر
face	واجه
fail	أخفق

Verbs

ئ	ر	خ	ا	ف	ع	ق	ض	ذ	ل	ك	ج	ق	أ	س
س	ر	إ	ه	ف	ر	ش	ا	س	د	ز	ء	آ	ف	ص
م	غ	ع	ل	ر	آ	أ	ن	ن	ف	أ	ئ	ء	ا	ف
ر	ش	ك	ش	ز	ك	ق	د	ق	د	ح	ح	د	ع	ئ
ي	ش	ر	ط	ث	ء	أ	ش	ب	ح	ف	ص	م	ح	د
س	ي	ص	ق	ب	ت	ذ	ى	ذ	غ	ظ	ع	ز	ت	ط
ز	ض	ف	س	ق	ر	ة	ب	آ	ث	ذ	ذ	ن	ي	ح
ظ	ه	م	ا	ي	ؤ	ظ	ص	ر	ط	م	ل	أ	ل	ح
أ	ح	ت	ط	ظ	ظ	د	ج	و	ح	د	ق	ئ	ز	آ
ي	ل	ي	ا	ب	ص	خ	ت	ل	ص	ط	ش	ض	ث	ه
ئ	ت	ي	ر	ز	ن	ح	ص	ي	د	ه	ع	ئ	آ	ز
ف	ج	ق	ص	ؤ	ا	ا	أ	ر	ث	ق	ظ	أ	ق	ل
ق	ذ	ي	ر	ة	ا	س	س	ث	ظ	ض	ه	ض	آ	ي
ه	ل	ط	و	ى	م	ذ	ذ	ب	ة	ي	س	ش	ع	ا
ز	ز	ج	ق	ظ	ب	و	آ	ا	ر	ن	آ	ط	س	غ

fall	سقط
fear	خاف
feed	غذى
feel	شعر
fight	تقاتل
fill	ملأ
find	وجد
fit	ناسب
fix	صلح
flee	فر
fling	اندفع
fly	طار
fold	طوى

Verbs

ذ	ظ	ر	خ	ئ	ص	آ	ء	د	ش	ؤ	ا	ئ	ؤ	ع
إ	ق	ج	ا	د	غ	ي	ص	ف	م	ة	ز	ص	ث	ح
ز	ؤ	خ	ي	ص	ب	ش	ت	ا	ل	ج	ك	ض	ئ	أ
ة	ى	ي	ء	ط	أ	ع	ء	ح	خ	ل	ظ	ر	ر	إ
ز	ط	ش	ر	غ	م	ة	ش	ي	خ	ك	ؤ	ص	ص	ح
ئ	ع	ر	س	ذ	ا	ج	ص	ى	ه	ل	ئ	ف	أ	ر
ن	أ	ذ	ج	ت	ه	أ	ر	ة	أ	ن	و	ح	غ	م
ط	أ	ة	ه		ث	ب	غ	ص	ف	ن	ض	ء	ع	خ
آ	آ	د	ت	ل	ط	ي	ن	ه	ل	ر	ظ	ء	و	ج
ح	ج	ب	ر	ف	غ	س	د	ل	ك	ي	ح	ذ	ج	ن
ك	و	ط	ح	ن	د	ا	و	ر	ش	ت	م	ن	غ	س
آ	ث	و	خ	ء	غ	ش	ط	ه	ش	ئ	ا	ق	ء	ي
ئ	ك	ز	أ	غ	ع	ة	ؤ	ه	ظ	ك	س	ظ	ئ	ء
س	ظ	ق	ل	ك	آ	ب	ؤ	س	ؤ	ح	ل	خ	ء	ة
ء	ر	ق	ل	ى	غ	ؤ	ت	ف	ن	ن	أ	غ	ئ	ث

follow	تبع
forbid	حرم
forget	نسي
forgive	سامح
form	شكل
forsake	هجر
freeze	جمد
fry	قلى
get	أحضر
give	أعطى
go	ذهب
greet	حيى
grind	طحن

Verbs

ش	ه	ج	ص	ذ	ت	أ	ا	آ	ا	ه	ب	ر	ض	ق
ط	د	غ	د	ر	ث	ع	ص	إ	ا	م	ن	ز	ظ	ض
ك	ذ	أ	د	ا	ع	ش	ا	ط	د	ر	أ	ئ	ف	ء
ء	ح	ح	ع	آ	ط	ر	م	ل	ر	ح	ح	ة	ص	إ
ا	ر	ق	ا	ي	غ	ص	ب	أ	ؤ	ا	ر	ن	ذ	ت
ج	أ	ق	س	ء	ط	ز	إ	ن	ل	ش	س	ط	س	غ
م	ب	ن	غ	ى	ة	ث	م	ج	س	ك	ا	م	إ	ي
ح	ت	ذ	ة	إ	م	خ	ب	آ	إ	غ	ع	ه	ط	ظ
ز	خ	ح	ك	د	م	ن	ئ	ة	م	د	ئ	ا	غ	ي
ء	إ	ج	ف	ذ	آ	ي	ط	ة	ء	ء	ف	ذ	ن	ي
ث	إ	ض	أ	غ	ط	م	م	ذ	أ	د	م	ع	ة	ق
ق	ف	ف	ف	م	م	ك	ي	ت	ز	إ	ت	ظ	ث	ف
ل	ق	ة	ء	ا	ل	د	ر	ذ	ظ	ك	ت	ك	ة	أ
ع	د	ج	س	د	ض	ا	غ	ه	ح	ز	إ	ج	ئ	ء
ل	د	آ	د	خ	ث	ذ	ع	غ	ذ	ء	ز	و	ل	ع

grow	نمى
guard	حرس
guess	خمن
guide	دل
hang	علق
hate	كره
hear	سمع
help	ساعد
hide	إختبأ
hit	ضرب
hope	أمل
hug	عانق
hunt	إصطاد

Verbs

ز	ل	ت	ص	ح	آ	أ	ر	ب	ة	ض	ظ	ة	ه	ؤ
خ	ي	أ	س	ر	ع	خ	أ	خ	م	ش	س	ب	ؤ	ء
ن	خ	ي	ق	ط	و	ف	ت	ز	ن	ئ	ه	ؤ	ص	م
و	ض	خ	ن	غ	ا	ة	ظ	ء	ف	ذ	ئ	ر	ع	ذ
إ	آ	ئ	ك	ض	ن	ر	خ	ب	ء	ق	ظ	ش	ش	ق
ص	ا	ض	ح	ف	س	ك	م	ة	ة	ق	أ	ج	م	ح
ز	ت	إ	ظ	ن	ن	ظ	ج	ك	س	ه	ة	ئ	د	ة
آ	ة	ك	ط	ص	غ	أ	ء	ل	ل	آ	ي	آ	ق	غ
ء	س	م	ب	ن	س	ح	ه	م	ق	ؤ	ر	ت	ص	ي
ي	ق	ت	ل	م	ء	ا	ر	ص	ض	ق	ل	ي	خ	ت
ي	ع	ل	ء	ء	ج	خ	ك	أ	ش	د	ى	س	إ	ل
أ	ف	ؤ	ب	ت	ظ	ف	ت	ح	أ	ة	ن	ع	ح	ؤ
ذ	ب	ح	ا	ق	ئ	ض	آ	ر	د	ئ	ش	و	د	ث
ذ	ه	ر	ء	ح	ز	م	ة	ض	ئ	ح	ا	ظ	ى	إ
ؤ	ب	ج	ئ	ب	ؤ	ك	م	ب	ح	ر	ع	ج	ة	ح

hurry	أسرع
hurt	جرح
ignore	تجاهل
imagine	تخيل
improve	حسن
intend	نوى
introduce	قدم
invite	دعى
joke	مزح
jump	قفز
keep	أحتفظ
kill	قتل
kiss	قبل

Verbs

ع	ء	أ	ج	ث	ك	ن	ص	ت	د	ي	ث	ه	ر	ك
ض	ا	ط	ح	ب	ر	ق	د	ا	ا	ي	ء	ك	ث	ق
ؤ	ذ	ئ	ا	خ	ت	ظ	ق	ت	ف	ص	ع	س	خ	ت
ب	ض	آ	ك	ث	أ	ك	ض	ي	م	ئ	ت	ط	غ	ن
و	ة	ل	ن	ع	إ	ر	ع	ف	آ	ص	ة	ر	ا	ط
ق	ل	أ	ب	ض	ة	ي	ش	ط	ط	ب	ف	ل	ك	غ
ا	ئ	آ	ع	ث	خ	و	ن	ئ	آ	ش	ر	أ	ك	ص
ض	ب	ء	ع	ئ	م	م	ث	ر	د	ك	ي	ب	ب	ف
ؤ	ل	ش	ر	ط	ي	ئ	ق	ب	ح	ع	م	ذ	ة	ئ
أ	ق	ث	ف	م	آ	د	إ	ض	م	ب	ك	ء	ذ	ل
و	ع	ئ	و	ك	ص	م	خ	ا	ل	ش	د	ذ	أ	و
ع	ط	ا	ة	إ	ض	ط	ل	و	ع	ي	د	ؤ	و	س
خ	ذ	ب	ر	ئ	ب	ت	ن	ع	ت	ئ	خ	أ	أ	ا
ج	د	ث	آ	ج	م	م	آ	ا	ت	ث	م	ئ	آ	ء
ف	ي	ئ	ف	إ	ف	ث	ن	ع	ظ	ء	ت	ض	ب	ي

kneel	ركع
knit	حاك
know	عرف
laugh	ضحك
lay	رقد
lead	قاد
leap	وثب
learn	تعلم
learn	تعلم
leave	ترك
lend	أعار
let	ترك
lie	كذب

Verbs

ة	ئ	ج	ه	ت	ل	ا	ز	ي	ف	ب	أ	ط	خ	أ
ج	ص	ل	ت	ص	غ	ت	ء	ر	ح	ر	م	آ	آ	ث
ز	ا	ي	ف	ك	س	ص	آ	أ	ا	ح	ظ	ع	ه	ق
م	ى	ق	ت	ل	ا	ج	د	ي	ث	ن	ب	ن	ل	ئ
ج	ذ	ء	ع	ج	ع	و	ف	ا	ص	و	ص	ب	س	ذ
ئ	ش	ا	ع	ل	ت	ز	ء	ظ	ؤ	ن	ن	د	ص	ق
ج	و	ك	ي	ق	ة	ت	ء	ث	ع	ؤ	ي	ي	ك	ك
ش	ب	ح	أ	ر	د	ض	ك	خ	ث	آ	ة	ا	د	ق
أ	ا	ع	ع	و	س	ه	س	ذ	ؤ	ظ	م	إ	خ	أ
إ	ة	ك	أ	ل	أ	خ	س	م	ع	ل	ء	ث	ز	خ
ن	ه	ض	ذ	س	ء	ء	ذ	د	ت	ئ	ث	ل	ك	ؤ
ج	ا	ذ	ط	ن	ظ	ك	ج	س	إ	ع	ق	ر	ة	ش
ء	خ	غ	ه	ء	ت	ف	أ	ظ	ه	خ	ض	ص	ر	ط
و	أ	ض	د	ل	إ	إ	ش	ت	ا	ق	إ	إ	ل	ى
ن	ذ	ئ	ل	م	ذ	ش	ص	ز	ن	ة	ض	ت	ء	ن

light	أضاء
like	أحب
listen	سمع
live	عاش
look	نظر
lose	خسر
love	أحب
make	صنع
marry	تزوج
mean	قصد
meet	التقى
miss	إشتاق إلى
misspell	أخطأ فى التهجئة

Verbs

ر أ ز ح خ ة ر ء آ و ت ب ن ز أ
آ ط ة ص ح ط ء ا و ز ز و ف س ش
ص خ ة ح ا ت ك ح خ ء ل ث ل ا ظ
ض أ ء ر ط ث ب ء ض ق ظ ف ا ف إ
ة إ و ل أ ء غ ؤ ط آ ر ذ ح أ ح
ز ا ت م ت ف ت ح خ ظ م ل ظ ي ت
ن ن ف غ ا ق ج ب ب ؤ أ ر ز ء ا
ش ت ه ح ل ء د أ آ ك د ض ز ن ج
ي ق ء ش ص ب ي خ ؤ ت ج ج س ل ذ
آ ل ي ش د ل ت ع ح و س خ ذ ش ن
ء ن ف ط ف ز م ع ض ق ن ظ ء ء د
ض ء ج ط ت ص م ش ل ف ء ي ا ئ د
ء ه ح ح ع آ س أ ش ى و ث م خ ء
ر ح م ء ث ت غ ا ب ة ء و ئ إ ع
م و ع ء و ء آ ظ ئ ح س ء س ن ر

mistake	أخطأ
move	انتقل
murder	قتل
need	إحتاج
notice	لاحظ
obtain	حصل
open	فتح
order	أمر
overcome	تغلب على
overtake	باغت
overthrow	أطاح
paint	لون
pause	توقف

Verbs

ا ط ط خ إ إ ن ب ل ن ئ ب ج ر ى
ز غ م د ء ر ض أ ح ف ش ه ذ ل ع
ل غ ء س ل ج ذ ئ ب ط ز ز ص ث ض
ث د د س ب ن د آ ص ة غ ر ق ظ و
ع غ ر إ د ع ى ء ء ذ و ع ظ س ض
خ ث و ب ر ي ئ ل ذ ذ ه إ ظ خ خ
ل ع ب ق ي ش إ أ ك س ن إ خ غ ذ
ر ل إ ظ غ ت ئ ا د ف ع د ح ف ث
ز ك خ س م ح ؤ و آ د د ق غ م س
أ م د أ ط ل ب د ب أ د ف د ة ى
خ ك ن ن ت س ب ء ف ا ج ض ا ث ؤ
آ ئ و ع ح أ ا ح ب ض ث ل غ ت د
إ خ ع خ أ ي أ ذ ص ر ؤ خ س ع س
و ح د ء ي ض ج ز ل أ ر ة ق ك آ
خ ئ ئ إ ء آ ك ض إ ئ د ه ذ ل و

pay	دفع
permit	أذن
place	وضع
plan	خطط
plant	زرع
play	لعب
plead	برر
pray	صلى
prefer	فضل
pretend	إدعى
prevent	منع
promise	وعد
protect	حمى

Verbs

د ؤ ة ه ق خ ئ ش ط ا ف ف ه ح ء
إ و إ ذ ؤ أ ء و ر ك ذ ت و خ س
ؤ آ ض غ ك غ خ ظ ق أ ي ق ب ذ و
ن د م ا ظ ن ض ل ز ذ آ ع ف ش غ
ن ز ئ ذ ق ة ع ع ف ل س ز ف د ؤ
ح س ف و و ح ت و ق ف ئ ع ن د ر
ر ص ئ آ ل ه ث ي ق ب ق ا ع أ ت
ج م خ س ل خ ر ت ج ر ذ م غ ج ش
ل ل ب ر ا ة ت ب ث أ أ ك ا ث ج
ص ت ه ل د ع ظ ئ ذ و ع ف ظ ل ض
ب س ذ ء ض ش د ئ ر آ ع ة ة ص ق
ئ ا خ و آ م ج ذ ط ر ر أ ز و ن
ا س ت ر خ ى ش ض ه ر س ف ع ز ن
غ خ ك د ر ك ق ة ع ق ط ل ض ف إ
آ ظ د ص ا ج ن ض غ ظ ص ئ ش ة د

prove	أثبت
punish	عاقب
push	دفع
put	وضع
quit	توقف عن
reach	وصل
read	قرأ
receive	استلم
refuse	رفض
regret	ندم
relax	استرخى
remain	بقي
remember	تذكر

Verbs

ل	ئ	ي	و	ش	ي	م	ض	ل	و	ه	ر	ك	ذ	ز
د	ش	ئ	ج	ء	ث	ه	أ	ض	د	س	ش	ل	س	ع
ه	أ	ب	ج	أ	د	و	ج	ت	و	ب	ء	ق	ي	ئ
ل	ن	ن	ل	ك	و	ا	ا	خ	ع	أ	ض	ك	ث	ص
ث	ذ	ل	ق	ط	ع	س	ب	ل	ج	ع	ر	ي	ء	خ
إ	ز	و	ي	ذ	د	ب	غ	ص	ت	ة	ن	ج	م	ح
ص	ن	ز	ع	ت	ل	ذ	ه	غ	غ	ز	ط	ء	ك	آ
إ	غ	ح	ح	ح	أ	ب	ط	م	س	د	ش	ق	ة	ء
و	ظ	ء	ر	ب	د	ت	ل	ن	أ	ز	غ	ف	ئ	ن
ء	ر	ع	ل	ح	ا	ب	ث	أ	ك	س	د	ء	غ	غ
ط	ء	غ	ل	و	غ	ك	ع	ؤ	ر	ر	ض	ة	ط	أ
د	س	ص	ل	ع	ب	ر	ء	ط	و	م	ر	م	ا	ع
ر	أ	أ	ض	ا	ض	و	ل	ن	ج	ط	ك	ل	ء	ؤ
م	ص	ه	ة	د	غ	ء	ل	ا	ز	أ	م	ض	ف	ج
ء	ز	ش	ؤ	آ	ق	ق	آ	ء	ذ	ك	أ	ص	ر	ن

remind	ذكر
remove	أزال
repair	أصلح
repeat	كرر
replace	بدل
reply	أجاب
report	أبلغ
request	طلب
rescue	أنقذ
return	عاد
rid of	تخلص من
ride	ركب
ring	رن

Verbs

و ص ء ش ب ه ة ظ ظ ف خ ر ص خ ئ
ف أ ن ز خ ي ع ئ ه ر ح ه ن ج ر
ى ص ء ب ز ث ن ع إ آ ء ك ق ء ق
ب أ ع ل ء م ل ق ة ر ح غ ي ظ ط
ط ء ر م ا ة م ط ؤ أ ن إ ض ز ة
ه ح ك ه ظ ق ب ح ث ء ط ء ع ك س
ك ح س غ و د ل ن ه ض أ ك ك ا ر
ة ك و ر ئ خ ن أ ج ن ر ش ن ئ ب
و ي د ط ل ي غ س ق ط ه ج ك د ث
ظ غ أ د ر ض ح ذ ز ذ ح غ ذ ه ئ
غ ي ك ح إ ن ؤ ع ة م ث ز ص ض ر
ء خ ب ا ن د ف ع ج ث ح ب و ي غ
د أ ذ م س ا ج ذ ش س إ د ط ح ا
أ ع إ ث غ ء ب ء م آ ء ت إ س خ
ب ر ك د غ ء ح س ج ي ن س د ث ء

rise	نهض
rule	حكم
run	ركض
rush	اندفع
sail	أبحر
save	أنقذ
spread	نشر
say	قال
scream	صرخ
search	بحث
see	رأى
seek	بحث
sell	باع

Verbs

ا	ر	ص	ج	ا	د	ء	آ	ر	آ	ف	ك	ع	م	غ
ك	ك	ش	آ	ي	ء	د	د	ق	ل	ح	آ	س	ت	ت
د	ث	ء	و	ك	ء	ن	ج	ط	ى	آ	ء	ط	ض	ا
ظ	آ	ه	ذ	ق	ص	ش	أ	ص	ه	ن	ص	ب	ق	غ
ء	ط	ل	آ	إ	ع	ص	ك	خ	ز	ز	غ	ل	ت	ف
ح	ف	ز	ء	ع	ط	ا	خ	د	ب	ب	ض	إ	ق	ؤ
أ	ر	س	ل	و	غ	ط	و	ب	أ	م	د	ض	ا	ت
غ	ي	ش	ف	ة	غ	ف	ص	غ	ش	ك	ع	ر	د	ث
ص	ا	ه	ع	خ	ق	ش	ل	ذ	ا	ة	ج	ع	ع	ض
ص	ز	ط	ل	ء	و	ق	ي	ظ	ب	ة	ص	ط	ذ	ك
غ	ظ	م	ك	ل	س	ق	ع	ح	ط	ئ	غ	أ	إ	خ
ف	ع	ج	ب	ء	ت	ع	س	ق	ج	ج	آ	ة	ء	ب
أ	أ	ط	ل	ق	ة	ا	ل	ن	ا	ر	ف	ع	ل	ى
ث	ح	ر	ت	أ	ش	ا	ر	ك	ط	د	ء	ف	س	ا
ف	إ	ظ	ش	ع	إ	ء	ت	ء	ل	ث	ؤ	أ	إ	ل

send	أرسل
sew	خاط
shake	هز
share	شارك
shave	حلق
shine	لمع
shoot	أطلق النار على
shop	تسوق
show	عرض
shrink	تقلص
shut	أغلق
sign	وقع
sing	غنى

Verbs

ي	ن	ء	ف	ص	م	ش	خ	ة	ك	ف	ي	ش	ء	ل
م	ذ	ق	ئ	ؤ	ك	د	ا	آ	ض	ظ	ء	ط	ع	ة
س	ا	ء	ض	ذ	ا	ت	ك	ل	م	ط	ي	ق	ط	ر
ح	ذ	ن	ل	ب	م	ح	م	خ	ح	ظ	ق	ط	أ	ء
م	إ	ه	ت	ا	ء	ء	ي	ض	ص	ل	د	أ	ط	ك
أ	أ	س	خ	ط	م	ض	ص	خ	ز	ة	ث	ش	ا	ر
د	م	س	ط	خ	غ	س	ل	ن	ج	د	ظ	ه	ع	ض
ظ	ل	ض	إ	ك	ة	ف	ا	ي	ف	ح	ل	ج	ث	ط
ج	أ	و	ح	س	ق	ظ	ذ	ظ	و	ن	د	ق	ف	ي
ج	ج	ه	ة	ن	غ	ف	ج	ط	س	ا	خ	ء	ي	ن
خ	ه	آ	خ	إ	إ	ه	ن	ي	ز	ذ	ن	ح	ع	ز
ط	ت	ا	غ	ر	ق	ص	و	أ	ب	إ	ؤ	ط	ه	ؤ
ت	م	ؤ	إ	ف	ش	إ	ح	ح	ج	ش	س	ح	ؤ	ؤ
ك	ح	ظ	ا	آ	ت	ق	ء	س	ل	م	ث	ذ	غ	ء
ج	ت	ج	ص	غ	ز	ط	أ	س	ر	ع	ص	ر	ه	ف

sink	غرق
sit	جلس
slay	ذبح
sleep	نام
slide	انزلق
sling	طوح
smile	ابتسم
smoke	دخن
sneeze	عطس
speak	تكلم
speed	أسرع
spell	تهجأ
spend	أنفق

Verbs

ء ا ء ت خ ش ا ك س ب غ ص ه ع ث
ح إ ع ي ظ ق ؤ ض أ ن ل ق ر ص و
ظ ج ص ص ء ب إ ح ط ل ض ت ص ق ئ
س ج ت ف ر غ ب ق ط ر ص ء ف ب ذ
س ق ث ح ج ة ر ظ و و ق ة و خ ي
ت ء ع إ ئ ظ ز ك ح د ق ل ؤ ي ق
ذ ظ ف ض ع ؤ أ م ذ ئ ح و د ذ ب
غ ه ء ه م س ق أ ع ئ ب ع ض ش د
أ ض ق ئ ت ك ب ئ ك ة أ ز ه ن ر
و م ر د ص ا خ ء ر ح د ر ح ج ن
ك ض ق ر س ف ع ش ح غ ح آ س ذ ب
ك ز ت أ و ح ن س د و ش غ و أ ر
س ل س و ؤ ظ ه ب ل ح ك ب ئ ب ض
ه ه ه ظ ق ج ت ك آ و ر ئ ك ل ر
إ ث ق ه أ ف و ح ذ ز غ ث ف ة ر

spill	دلق
spit	بصق
split	قسم
spread	نشر
squeeze	عصر
stand	وقف
stay	بقي
steal	سرق
sting	لسع
stop	توقف
strike	ضرب
strive	كافح
succeed	نجح

Verbs

ر ز ك ط ه د ص ع ز ظ خ ظ س س ت
ء ظ ع أ أ ء ن ح ب ف ي ؤ ش ص ء
ف ر خ ن ع ش خ ج ذ ب م س ل ة غ
ع ذ ل ت ز ش و ر ز خ ض م ك ي ك
ء ل ف د ح ش ب أ ه ق س ؤ ز ء ص
ص ا م أ ت ه ط ت ء ظ ق ح س ق ه
ؤ أ ء ل ح ز ئ ل ئ و ر ب ل ء ج
ر ج د ص د ؤ ل ص ذ ح ذ ع ا ف ك
أ ا ض ث آ ن ف ت ء ذ ث و ز ط ع
إ ف ر أ ة ن ج ئ ذ ا ك ط م ا د
ي أ خ ب ر ذ ز ر خ ك ح ط ن ص ذ
إ ش غ ة ش ب ك ف ز ن ف ى ذ ح و
ف ح ت ل ذ ذ ت ث س ش آ ث ا ش أ
ت ة ع ا ء ن ع آ ح س م س ء ن خ
غ ا د ج ا ي م ا ق ت ر ح ج ج خ

suffer	عانى
suggest	اقترح
surprise	فاجأ
swear	حلف
sweep	مسح
swell	انتفخ
swing	تأرجح
take	أخذ
talk	تحدث
taste	تذوق
teach	علم
tear	مزق
tell	أخبر

Verbs

ذ ل ك ع م ص ة ش خ آ ي ك ت أ ب
ء ح ق غ غ ض و ه إ ظ د ح ف ة ي
ه ي و ظ غ ض ر إ ن ؤ ث س ر ف ب
ص ن ش آ غ ض م ج خ س ض ا ك خ س
م ذ ط ظ ف ل ى آ ا س ؤ ا ش ن ط
ع ض و ئ م ص ا ف غ ؤ ذ م ظ ث ح
ي ش ص س ب س ر ج ث ه ء ن ؤ ك ء
إ ل و ى خ ت ر ي ل ت ي ن ف ل ب
خ ئ ص آ ض آ ب ؤ و ب ر د م ز ق
ؤ ظ ف خ ح س ت ص ا ؤ ز ع ذ د ح
ن ك ف ة ا ء خ و ح غ ت أ ف ب ت
ا ه ك ن ر د إ ذ ي س ز ب ه ض ك
ب م ر ز ك ك ز آ إ غ خ ة م غ ع
آ ء ا ؤ ذ ف ب ئ ؤ ح ه ز ن أ ش
ص خ ء أ ح ج ن ي ض آ ؤ ف ئ س د

test	إختبر
thank	شكر
think	فكر
thrive	نجح
throw	رمى
touch	لمس
train	درب
travel	سافر
try	حاول
twist	إلوى
understand	فهم
upset	أغضب
use	إستعمل

Verbs

ف	ف	ء	ؤ	م	ك	آ	ر	ا	ق	ب	ر	ظ	أ	إ
ج	ء	ء	م	إ	ا	ص	ب	ذ	إ	ذ	ج	ة	خ	ة
ز	ر	ئ	ل	ث	ع	ه	و	ح	خ	و	ك	ل	ط	ت
ض	د	ث	أ	ذ	ة	ك	ظ	ش	م	ء	س	ب	ص	ر
ظ	ظ	ه	ق	ه	ت	ظ	ل	ق	خ	غ	ل	أ	ي	ة
ل	إ	ؤ	ى	ط	س	ب	ت	غ	ي	ش	ي	ه	م	د
م	و	ش	ت	خ	ز	ض	ك	ك	آ	ت	غ	ء	ا	و
ء	م	غ	ة	خ	ش	ف	ب	ى	ض	خ	س	ر	ش	إ
ت	أ	ل	ب	س	أ	ء	ل	ج	غ	ت	أ	ا	ب	و
م	آ	غ	ز	ع	ح	ب	ذ	و	ح	ا	ظ	ء	آ	خ
ت	ر	ج	غ	ع	ج	ج	س	ز	ء	ب	ع	ح	ذ	ر
ء	ا	غ	ا	ن	ت	ظ	ر	ت	ح	أ	ي	د	غ	ف
أ	ز	ط	ء	خ	ت	ب	ؤ	ر	ي	ك	ه	ض	ء	ط
ي	ج	ل	س	ي	ه	ف	ا	ي	ئ	ش	ص	س	م	م
ه	ء	م	ة	و	ر	ب	ح	ك	ن	ب	إ	ظ	ص	ف

visit	زار
wait	انتظر
wake up	استيقظ
walk	تمشى
want	أراد
warn	حذر
wash	غسل
watch	راقب
wear	لبس
wed	تزوج
weep	بكى
welcome	رحب
win	ربح

Made in the USA
Las Vegas, NV
20 December 2020

14199016R10044